アベノミクスと暮らしのゆくえ

山家 悠紀夫

岩波ブックレット No. 911

はじめに

安倍晋三内閣が発足して一年半以上が経ちました。

集団的自衛権行使容認の閣議決定、特定秘密保護法の制定、武器輸出の解禁、原子力発電所再稼働に向けての動き、等々と、最近の安倍内閣は、国民の大多数の反対を押し切っての強権の発動・暴走が目立ちます。にもかかわらず、報道機関などの世論調査によりますと、その支持率は依然として高いようです。背景には、その経済政策であるアベノミクスの評価が高いことがあると伝えられています。日本経済全体の立場から見て、また、人々の暮らしの視点から見て、アベノミクスが本当に評価できるものなのか、私には疑問に思われるのですが……。

アベノミクスも、政策発動後一年半ほどが経ちました。その「第三の矢：民間投資を喚起する成長戦略」が本格的に放たれるのはこれからですが、「第一の矢：大胆な金融政策」「第二の矢：機動的な財政政策」については、相次いで「矢」が放たれ、日本経済全般に、また人々の暮らしにその影響が出てきています。

そこで、本書では、まず第1章でアベノミクスの全体像を概観したのち、第2章以下で、アベノミクスにより、日本経済全般が、そして人々の暮らしがどう変わったか、また、変わろうとしているかを見ていくことにします

第1章　アベノミクスはなぜ問題なのか？
――日本経済の長期停滞の原因を考える

アベノミクスとは何でしょう。どんな効果を日本経済に、そして私たちの暮らしにもたらすのでしょうか。本章では、まずアベノミクスの全体像を見ておきたいと思います。

アベノミクスとは何か

アベノミクスという言葉は、安倍晋三首相の「アベ」と、経済学の「エコノミクス」とをつなげた造語のようです。安倍首相の経済学ないしは安倍首相の経済政策という意味でしょうか。こうした造語の先例としては、一九八〇年代初めに登場したアメリカのレーガン大統領の経済政策を表現したレーガノミクスという言葉があります。

安倍首相の経済政策をいつ、誰がアベノミクスと名づけたのでしょうか。その由来は、はっきりしません。安倍首相が、自らの経済政策を発信した最初の書ともいうべき「日本経済再生に向けた緊急経済対策」（二〇一三年一月閣議決定、以下「緊急経済対策」）には、「大胆な金融政策」「機動的な財政政策」「民間投資を喚起する成長戦略」という三つの政策が掲げられていて、「三本の矢」という表現もあります。しかし「アベノミクス」という言葉は出て来ません。国会での「所信表明演説」（二〇一三年一月）、「施政方針演説」（同二月）を見ても同様です。

ところが、安倍内閣発足後半年ほど経っての「経済財政運営と改革の基本方針」(二〇一三年六月閣議決定、以下「基本方針」)には「「大胆な金融政策」「機動的な財政政策」「民間投資を喚起する成長戦略」の「三本の矢」(いわゆるアベノミクス)」というかたちで、アベノミクスという言葉が、いわば公認のものとして使われています。

安倍内閣が発足してしばらく後、安倍首相自身かその周辺、あるいはマスコミなどの誰かが、その三つの政策をアベノミクスと名づけ、安倍首相もこの言葉が気に入って使い始めたということなのでしょう。

アベノミクスという用語の先例となったレーガノミクスについて振り返りますと、企業や富裕層に対する大幅な減税、軍事支出の拡大、大胆な規制緩和、金融引き締め(当時のアメリカはインフレでした)などを柱とする政策で、その後、永年にわたりアメリカ経済を悩ませた大幅な財政赤字と貿易赤字という「双子の赤字」をもたらした政策です。アメリカ経済全体の視点から見ますと、明らかに功より罪の方が大きかった政策なのですが、それにもかかわらず、安倍首相がその二番煎じともいうべきアベノミクスという表現に抵抗を示している様子がないのは不思議なことです。安倍首相の政治姿勢や体質が、かつてのレーガン大統領のそれと相似ているから、政策自体の評価はともかく、レーガノミクスを想起させる言葉は好ましく思われる、ということなのでしょうか。

なぜ、アベノミクスなのか

ところで、いま、なぜアベノミクスなのでしょうか。

日本経済を長期停滞から脱出させ、再生させるため、というのが安倍首相の説明です。例えば、先に引いた「緊急経済対策」です。そこには次のように書かれています。

「我が国経済は、円高・デフレ不況が長引き、名目ＧＤＰは三年前の水準とほぼ同程度にとどまっている。……こうした状況から今こそ脱却し、日本経済を大胆に再生させなければならない。……日本経済再生に向けて、大胆な金融政策、機動的な財政政策、民間投資を喚起する成長戦略の「三本の矢」で、長引く円高・不況から脱却し、雇用や所得の拡大を目指す」

また、二〇一三年一月の国会での安倍首相の所信表明演説は次のようなものでした。

「我が国にとっての最大かつ喫緊の課題は、経済の再生です。……これまでの延長線上にある対応では、デフレや円高から抜け出すことはできません。だからこそ、私は、これまでとは次元の違う大胆な政策パッケージを提示します。断固たる決意をもって、「強い経済」を取り戻していこうではありませんか。既に、経済再生の司令塔として「日本経済再生本部」を設置し、「経済財政諮問会議」も再起動させました。この布陣をフル回転させ、大胆な金融政策、機動的な財政政策、そして民間投資を喚起する成長戦略という「三本の矢」で経済再生を推し進めます」

あと一つ引きましょう。「緊急経済対策」からおよそ半年後に閣議決定された「基本方針」です。次のように書かれています。

「一九九〇年代初頭におけるバブル崩壊を大きな節目として、日本経済は現在に至る約二〇年間、総じて低い経済成長に甘んじてきた。……我が国が取り組むべき課題は、まず第一に長期にわたるデフレと景気低迷から脱出することである。……安倍内閣は、相互に補強し合う関係にある「大胆な金融政策」「機動的な財政政策」「民間投資を喚起する成長戦略」の「三本の矢」(いわゆるアベノミクス)を一体として、これまでと次元の異なるレベルで強力に推進していく」

日本経済を長期停滞から脱出させるための政策が、なぜアベノミクスなのでしょうか。それは有効な政策なのでしょうか。これらの文章では何も分かりません。

安倍首相が、日本経済を「停滞の二〇年」から脱出させ、「経済の再生」を図りたいと強く思っている、そのことはよく分かります。アベノミクスの「三本の矢」によってその目標を実現させたいと思っている、そのことも分かります、分からないのは、アベノミクスがその目標実現にはたして効果を発揮できるのか、ということです、そのことについては、何の記述も、何の説明もありません。

第一の特徴――「非科学的」な政策

一国経済が厳しい状況にあるとき、そしてそうした状況から経済を脱出させ、再生させようとするとき、まず必要なことは、状況を正しく把握することです。どこに問題があるのか、その原因を探ることです。そうした作業がまず必要であり、その結果を踏まえて初めて、それではどうしたらいいのか、適切な対策は何であるかが浮かび上がってくるというものです。いわば、それが経済政策のイロハとでもいうべきものです。

ところが、アベノミクスにはそのイロハがありません。経済の長期停滞という厳しい現実があります。ところが、その現実について、若干の記述はあっても、なぜ厳しいのか、その背景や原因などについての分析は、まったく行われていません。そうしたことがなされずに、いきなりアベノミクスなのです。「アベノミクスを強力に推進します」「長期停滞からの脱出に効くはずです」――言っているのはただそれだけのことです。

なぜ効くのかについては、せいぜいが「これまでと次元の違う政策」だから効くはずだ、それだけです。そう説くのであれば、せめて、これまでの政策はどうであったか、何が足らなかったのか、どこが足らなかったのか、これまでの政策とその欠点をきちんと分析して見せることが必要です。その分析の結果として、政策の次元を変える必要があるというのなら、まだ理解が可能でしょう。しかし、それもまったくないのです。

したがって、アベノミクスの第一の特徴は、あらゆる説明や論理を飛び越した、その非科学性にあると言うべきかもしれません。

第二の特徴――多くの経済思想が混在した政策

日本経済の長期停滞の背景をどう捉えているかについての安倍首相の認識が示されていない以上、その政策（アベノミクスの「三本の矢」）の内容から、逆にそれをとらえてみること以外に方法はありません。そうしてみることにします。

まず、「第一の矢：大胆な金融政策」は、日本銀行に民間金融機関への資金供給を増大させ、それによって民間の手持ち資金量(企業や個人が持っているお金(現金・預金)などの総量)を増大させる政策です。ということは、日本経済の長期停滞の背景には、お金不足があると安倍首相は見ているのでしょう。民間の手持ちのお金が少ないから投資や消費ができず、お金を増やせば問題は解決に向かう――こう考えている、ということになります。

経済学には、このような主張をする学派があります。マネタリズム(貨幣数量説)と呼ばれる学派です。「第一の矢」は、マネタリズムの主張を受けての政策であり、日本経済の長期停滞はお金不足によるものだと理解した上での政策ということになります。

次に、「第二の矢：機動的な財政政策」についてです。この政策は「機動的な」とうたってはいますが、その内容をみますと「積極的な財政支出」とでも呼ぶべきものです。要するに公共事業を増やす政策です。

この政策の背景にある考えは、日本経済は供給力に比べて需要が不足しており、だから、経済が停滞している、したがって公共事業を増やすなどの財政政策で需要を増やせばよい、というものです。この政策を採るということは、日本経済の長期停滞の背景には需要不足があると安倍首相は見ているのでしょう。需要不足だから日本経済は長期にわたり停滞している、需要を増やせば問題は解決に向かう――こう考えているのです。

この政策を支える経済学はケインズ経済学です。「第二の矢」の政策は、ケインズ経済学を踏まえての政策であり、日本経済の長期停滞は需要不足によるものだと理解した上での政策ということになります（ただし、積極的な財政支出の拡大は、どちらかというと短期的な需要不足への対応として有効である、というのがケインズ経済学の主張のようです。したがって、安倍首相のいう長期停滞からの脱出には必ずしもそぐわないと思えるのですが——）。

そして「第三の矢：民間投資を喚起する成長戦略」についてです。この政策は、金融財政政策、税制政策、規制緩和政策などの政策を総動員して、民間企業の投資を増大させようという政策です。ということは、日本経済の長期停滞の背景には、企業の投資の弱さがあると安倍首相は見ているのでしょう。企業の投資意欲が乏しく、投資が低水準だから日本経済は長期停滞しており、企業の投資環境を改善して投資を増大させれば問題は解決に向かう——こう考えているわけです。

こうした政策を主張する経済学は、サプライサイド経済学と呼ばれる経済学の一派です。一方、企業の投資環境を改善する方法として規制緩和が最も大切だというアベノミクス「第三の矢」の内容に注目しますと、それは新自由主義経済学と呼ばれる経済学派の主張を受けたものです。

こうして見ますと、日本経済の長期停滞の背景には、お金不足があり、需要不足があり、企業側（サプライサイド）の弱さがあり、要するに、ほとんどすべての面で問題があると安倍内閣は考えている、ということになります。また、その政策は、マネタリズム、ケインズ経済学、サプライサイド経済学、さらには新自由主義の経済学に依拠しているわけです。要するに、あらゆる経済学が混在しているのです。アベノミクスならぬ「アベノミックス」というのでしょうか。こうした経済政策・思想の混在がアベノミクスの第二の特徴であると言えそうです。

日本経済の長期停滞を病気に例えますと、その病気をきちんと病院で診てもらうのではなく、素人判断で市販の薬（西洋医学の薬）を飲ませるとともに、漢方薬やサプリメントも与え、加えて加持祈禱《きとう》にも頼って直そうとしている――そんな姿勢がうかがえます。

第三の特徴――現状認識を見誤った政策

現状分析をせずに、混在した政策を打ち出しているという問題に加えて、アベノミクスには、さらにもう一つ問題があります。現状認識が誤っているという問題です。現状認識については、安倍首相はほんの少ししか触れていませんが、すでに、そこに誤りが見られるのです。

先に引いた「基本方針」の冒頭部分「一九九〇年代初頭におけるバブル崩壊を大きな節目として、日本経済は現在に至る約二〇年間、総じて低い経済成長に甘んじてきた」という記述が、それです。

そもそも「バブル崩壊」という言葉自体、とても粗雑な表現です。バブルとは泡ですから決して崩壊などしません。バブルという表現を使うなら、破裂とでも受けるべきでしょう。それはともかく、この文章を見ますと、安倍首相は、日本経済の長期停滞が一九九〇年代初頭から、つまり、バブルの破裂とともに始まった、ととらえていることになります。しかし、この認識が誤りなのです。

日本経済全体の動きを示す国民所得統計（ＧＤＰ統計）の中の国内総生産（日本経済が一年間でつくり出した付加価値の合計）の動きを見てみましょう（**図１―１**）

図 1-1　長期停滞の始まりは 1998 年

名目国内総生産（GDP）の推移（1997 年＝100 とする指数）

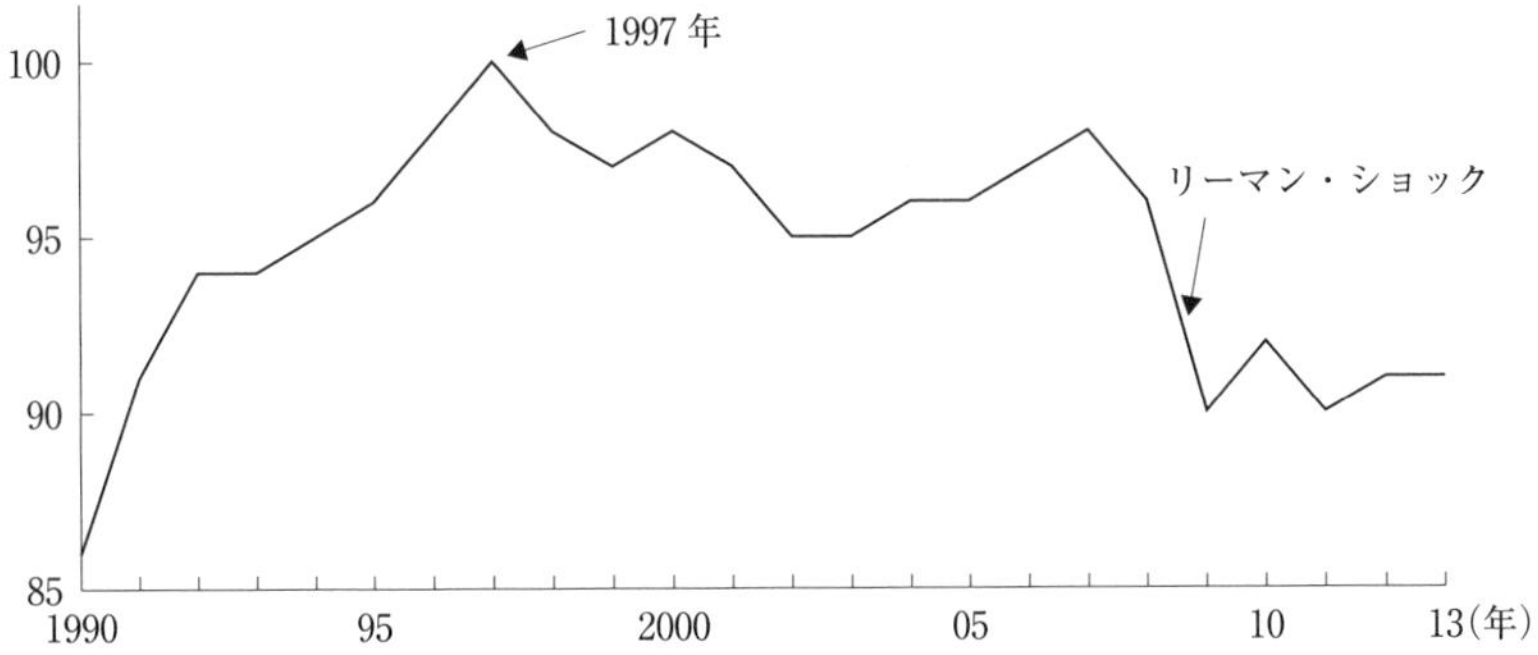

（資料）　内閣府「国民経済計算」

図1－1にはっきりと現れていますが、一九九〇年から九七年まで、日本経済はほぼ右上がりで成長しています。九〇年を一〇〇とすると九七年は一一六、この間の年平均成長率は二・二%です。一九八〇年代の六・〇%、あるいは八〇年代後半（バブルの時代）の六・三%に比べ成長率は低くなっていますが、それでも成長していたのです。

それが右下がりになった（低迷状態に陥った）のは一九九八年からです。ちなみに、九七年を一〇〇とすると二〇一三年は九一、この間、年平均〇・六%のマイナス成長です。

図1－1は国内総生産（GDP）について見たものですが、その他の経済指標を取り出してみても、動きはほとんど同じです。すなわち、日本経済は一九九七年までは上昇傾向であり、九八年以降、下降傾向となっているのです。

日本経済の長期停滞は一九九八年から始まっているというのが事実です。その事実を見ずに、「一九九〇年代初頭から」「バブル崩壊以降」などといい加減なとらえ方をしていたのでは、日本経済の長期停滞の本当の理由は見えてきません。それでは、きちんとした対策・政策を打ち出すことはできません。

長期停滞の背景に賃金の下落

ここでしばらくアベノミクスからは離れて考えましょう。なぜ、日本経済は一九九八年から失速し、低迷状態に陥ったのでしょうか。

それを考えるためには、あと二つの統計を見た方がよさそうです。同じ国民所得統計の中の国内民間需要の統計（**図1—2**）と、雇用者報酬の統計（**図1—3**）がそれです。

一見して明らかですが、この二つの統計の動きは図1—1の国内総生産の統計の動きとよく似ています。すなわち、一九九〇年から九七年までは右上がりで、それが九八年からは右下がりとなっています。

この三つの統計の関連は、次のように考えるのが自然でしょう。

①雇用者報酬（国内で雇われて働いているすべての人が、一年間に受け取った給料、賞与、手当等の総額）が、何らかの理由で一九九八年から下がり始めた（図1—3）。

②それを受けて国内の民間需要（家計の消費支出、住宅建設がその八〇％程度を占めます）が、一九九八年から減り始めた（図1—2）。「無い袖は振れぬ」というわけです。

③結果として、国内総生産も、一九九八年から減り始めた（図1—1）。国内民間需要は、日本

図 1-2　国内民間需要も 1998 年以降に落ち込み

名目国内民間需要の推移(1997 年＝100 とする指数)

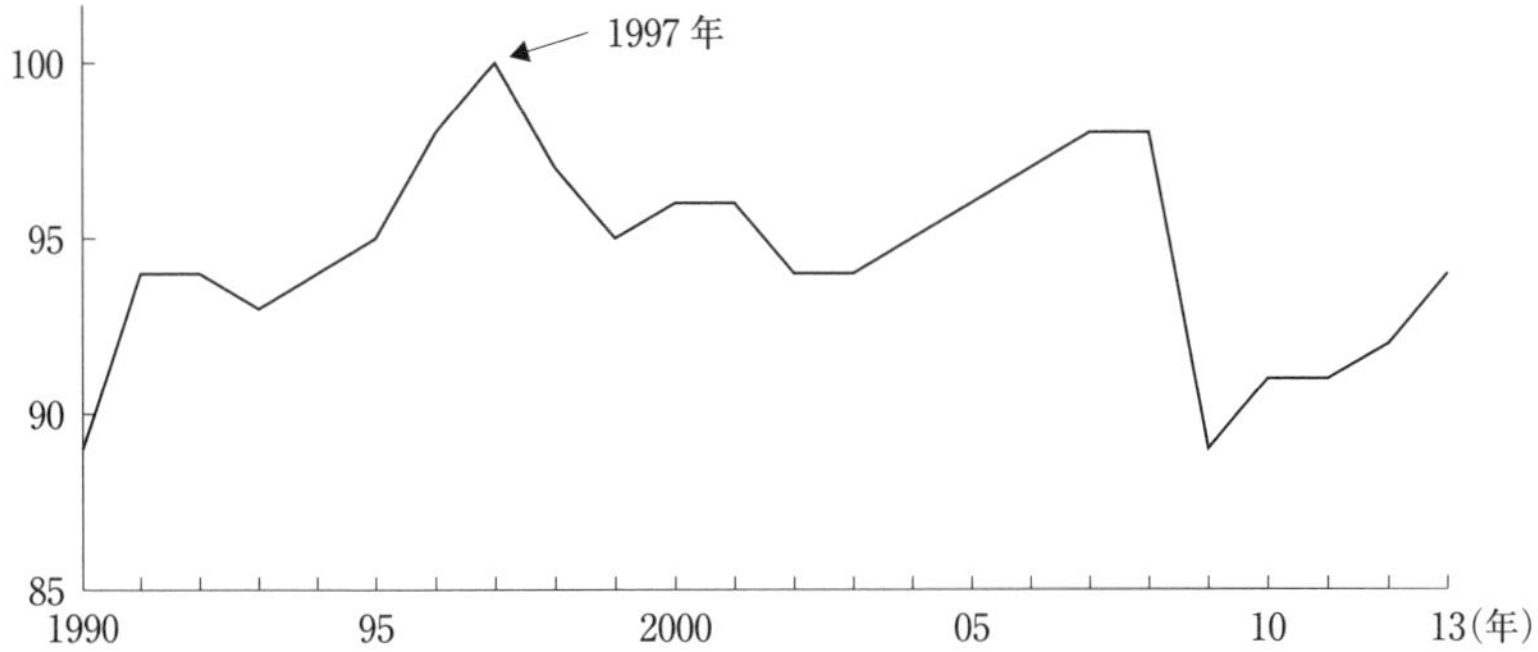

(資料)　内閣府「国民経済計算」

図 1-3　雇用者報酬は 1998 年以降，減少傾向

名目雇用者報酬の推移(1997 年＝100 とする指数)

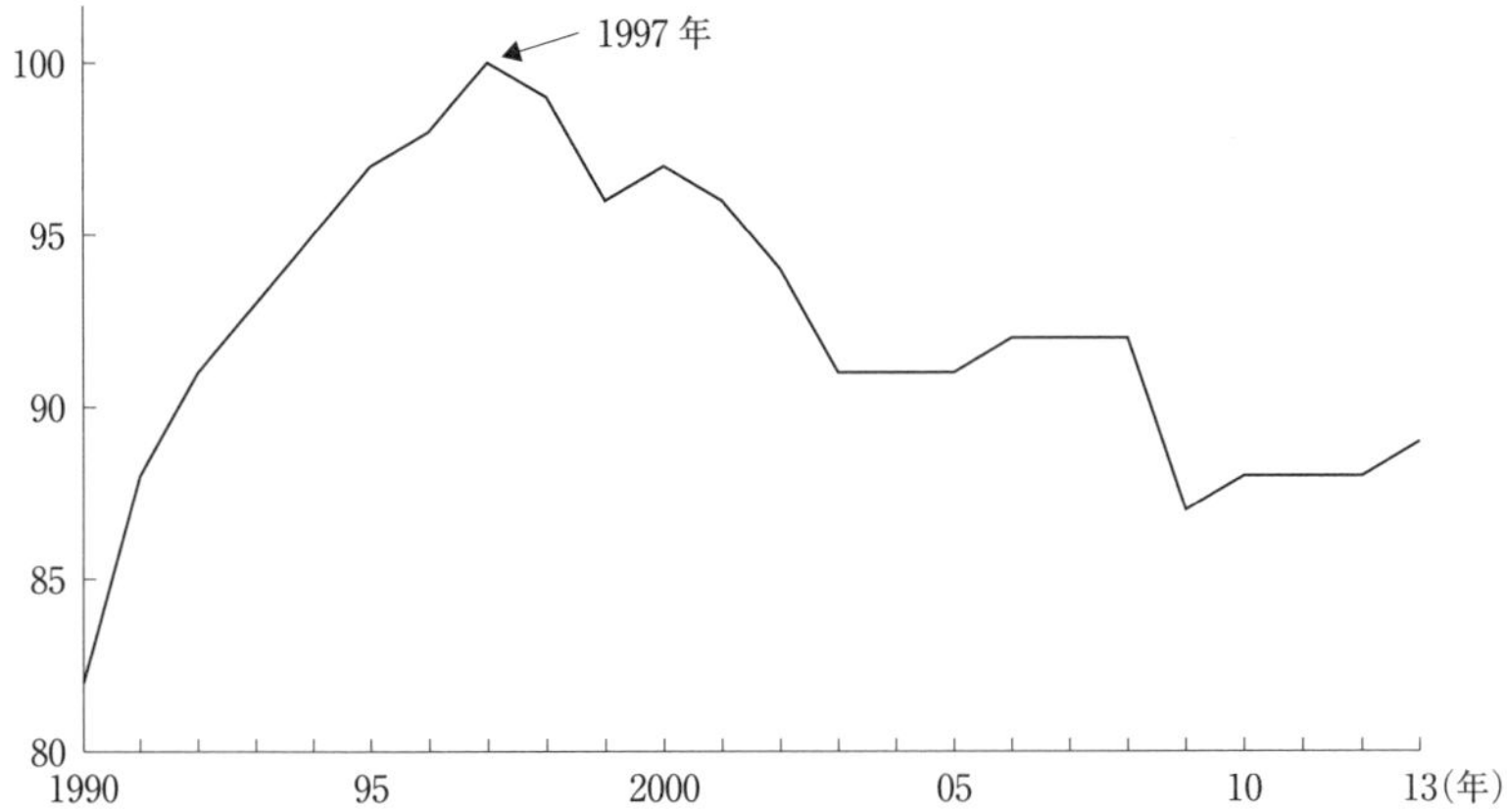

(資料)　内閣府「国民経済計算」

経済に対する総需要(国内民間需要と政府需要、および輸出を合計したもの)のおよそ六五%を占めます。その減少が生産を減少させた、ということです。

こうして見ますと、一九九八年から日本経済が長期停滞に陥った背景には、雇用者報酬の落ち込みがあると分かります。そこで問題は、なぜ九八年から、それまでは上昇傾向にあった雇用者報酬が減り始めたかということになります。

なお、ここでは、雇用者報酬という統計に代表させましたが、この間の賃金・報酬、あるいはサラリーマン家計の収入に関する統計(厚生労働省「毎月勤労統計」、国税庁「民間給与統計実態調査」、総務省「家計調査」など)は、すべて同じ動きをしています。すなわち、労働者の賃金、あるいはサラリーマン世帯の収入などは、一九九七年までは上昇傾向、九八年からは低下傾向となっている、ということです。

賃金が下がっている背景に「構造改革」政策

それでは、日本ではなぜ、一九九八年から賃金が下がり始めたのでしょうか。

ここで、「日本では」と書いたのは、アメリカ、ヨーロッパなど日本以外の先進諸国では、一九九八年以降も、賃金は下がることなく上がり続けているからです。同様に、日本以外の先進諸国では国内総生産も減ることなく増加傾向を続けています。日本といくつかの先進国の、九〇年以降の賃金の動き(**図1―4**)、国内総生産の動き(**図1―5**)を比較してみますと、このことは明らかです。

図 1-4　日本だけ，1998 年以降賃金が低下

1 人当たり平均賃金の推移(1997 年＝100 とする指数)

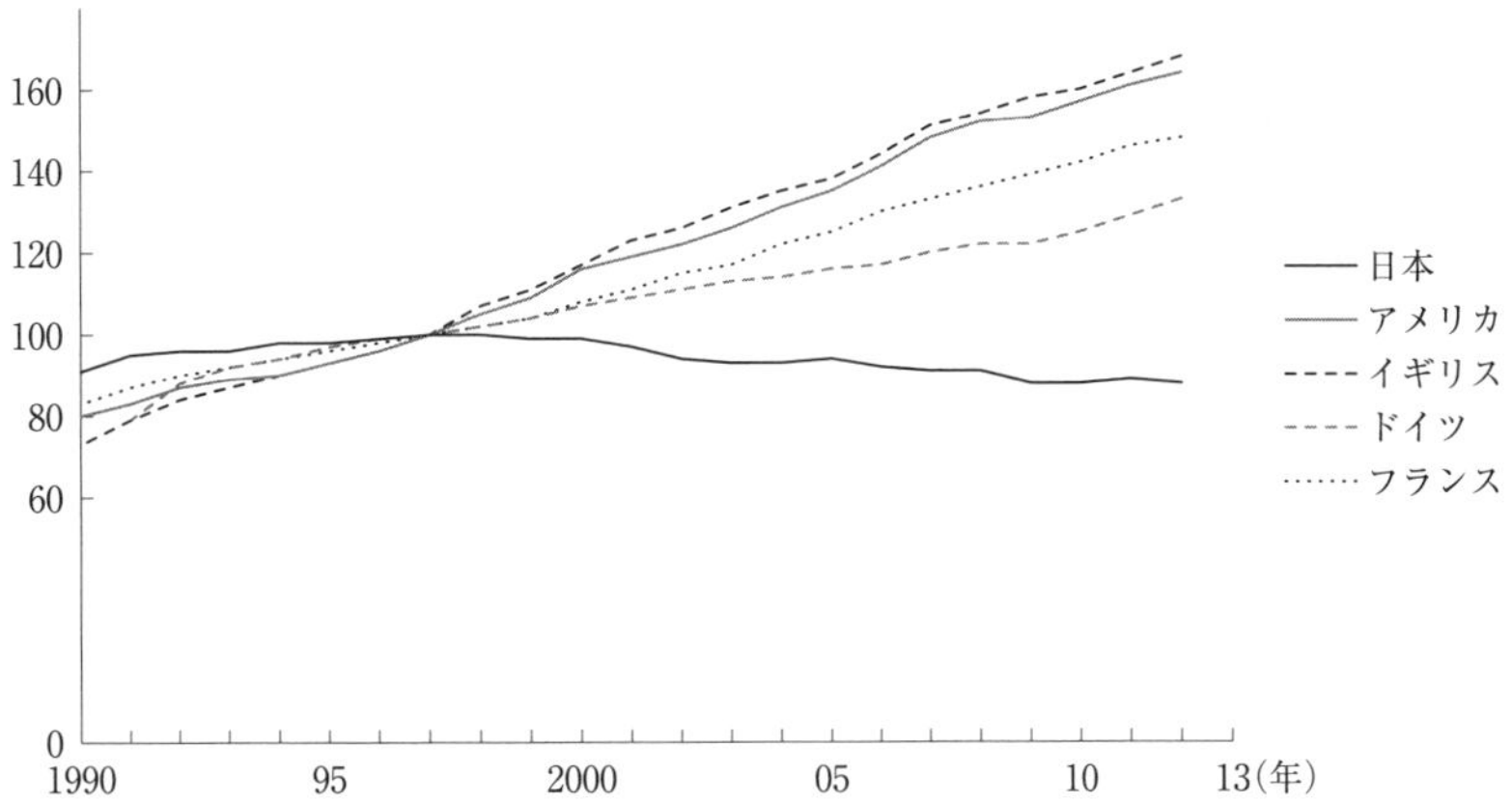

(資料)　OECD “State Extract”

図 1-5　日本だけ，1998 年以降経済が縮小

名目国内総生産(GDP)の推移(1997 年＝100 とする指数)

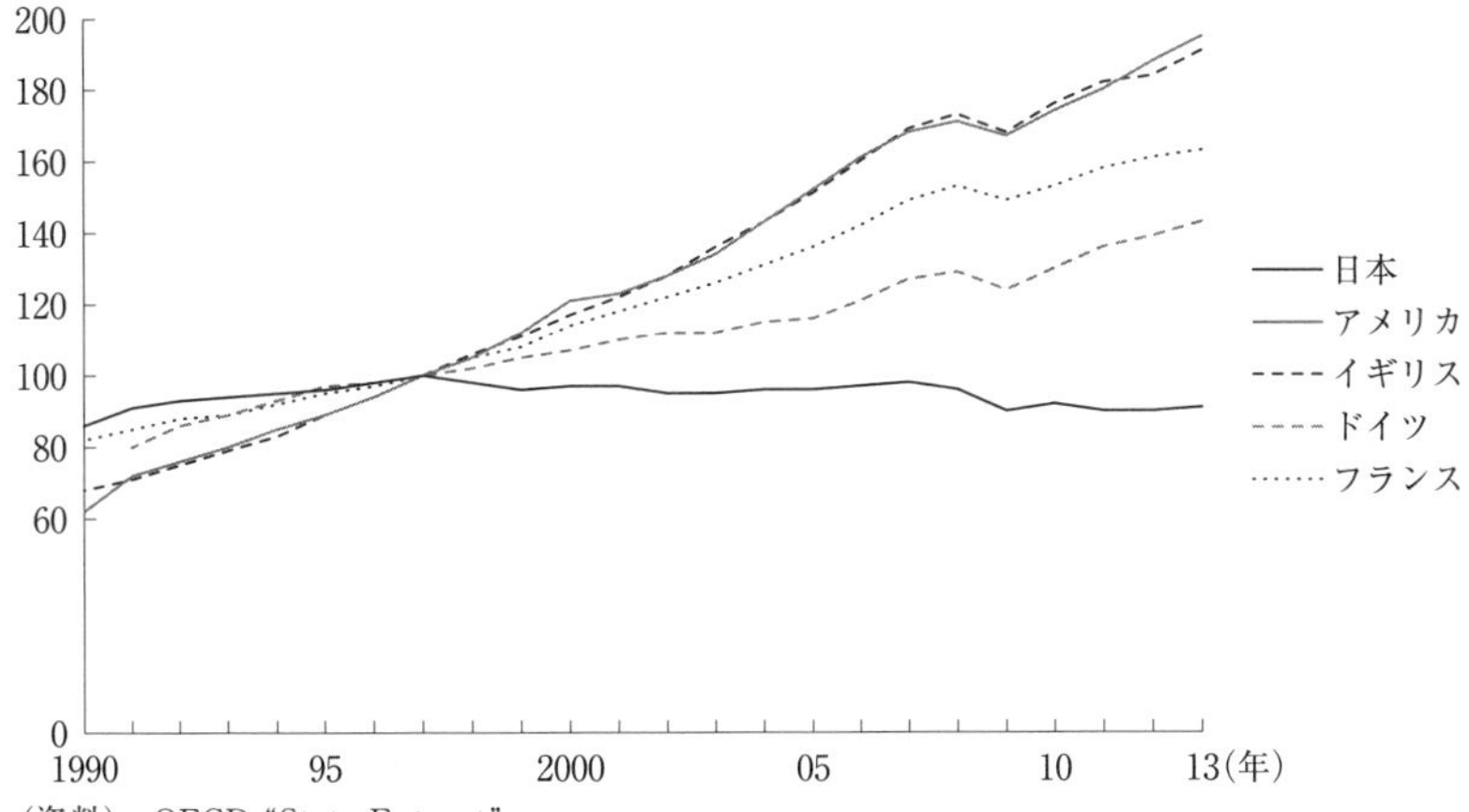

(資料)　OECD “State Extract”

なぜ、一九九八年からなのか、そしてなぜ日本だけなのか、と問題を絞ってみますと、自ずから その答えが浮かび上がってきます。世間では日本経済の長期停滞や賃金下落の原因を、九〇年代初頭のバブル破裂、あるいは、同じく九〇年代初めから著しく進み始めた経済のグローバル化などに求める見方が多いようです。ところが、九八年から日本だけという事実に沿って考えますと、七、八年前のバブル破裂にその答えを求めるのは大雑把にすぎますし、全地球規模で、九〇年代初めから著しく進行しはじめた経済のグローバリゼーションに、その答えを求めるのも強引すぎます。答えは、九六〜九八年頃の、そしてそれ以降の日本の経済政策に求めるべきではないか、ということになります。

私の想定している答えは、日本の賃金が一九九八年以降低下傾向になっているのは「構造改革」政策に原因があるということです。

一九九六年から九七年にかけての橋本内閣の「構造改革」政策（当時は「六大改革」と称していました）、少し間を置いて、二〇〇一年から〇九年にかけての、小泉内閣、第一次安倍内閣、福田内閣、麻生内閣の「構造改革」政策、それらの政策が、日本経済を「賃金が上がらない構造」に「改革」してしまったと考えるのです。

一九九七年以降、景気が良くなっても、そして企業が儲かるようになっても、賃金は上がらなくなったという「事実」については、すでに政府の白書も認めていることです。二〇〇七年版の『経済財政白書』、一二年版の『労働経済白書』がそれです。ともに相似た分析をして、相似た図を掲載していますので、ここでは新しい方の『労働経済白書』の図を引いておきましょう（図**1**

図 1-6　近年の景気回復局面においては，経常利益が賃金に結びつきにくくなっている．

景気回復局面における経常利益と賃金の推移

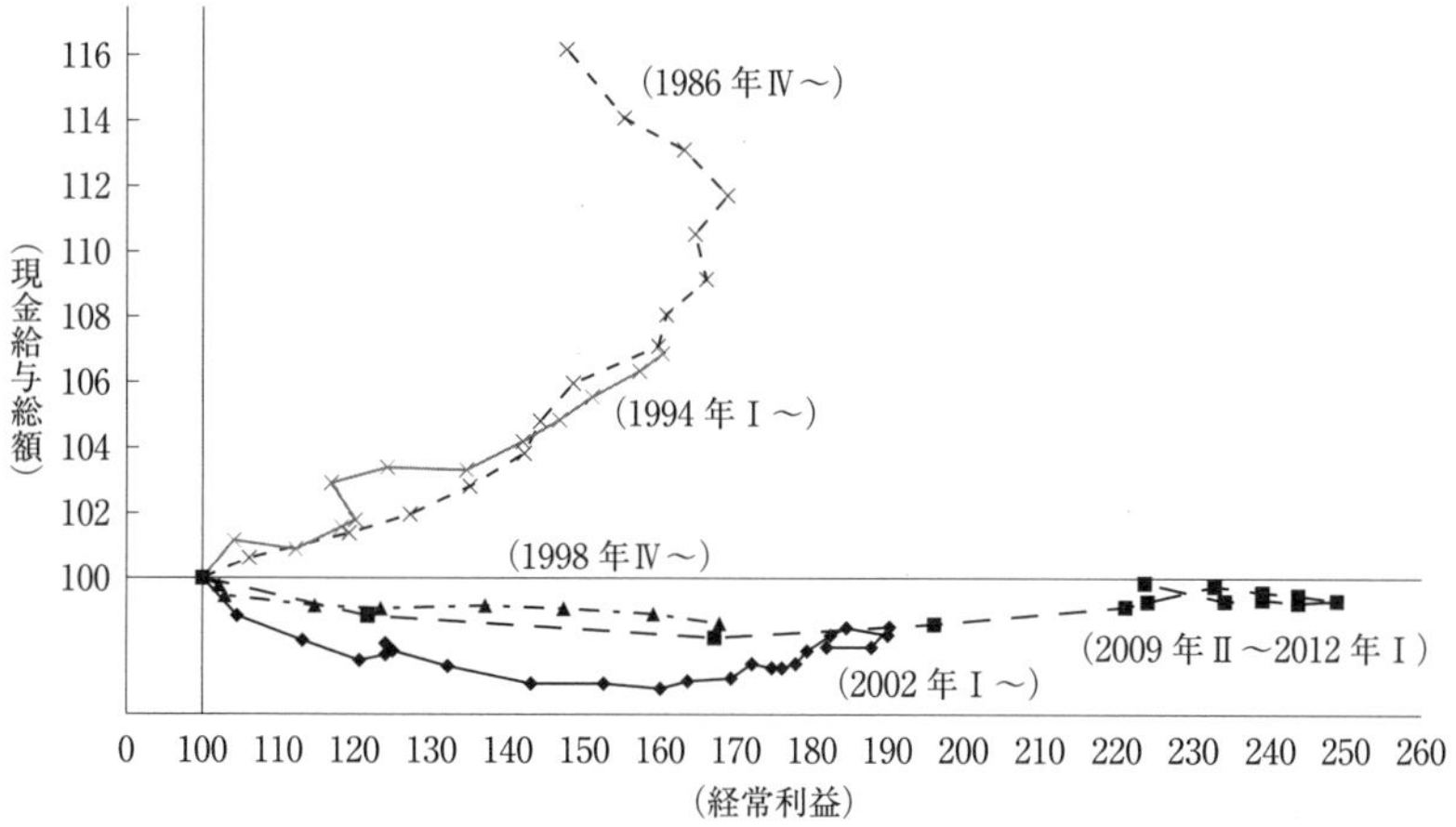

（注）1　現金給与総額は調査産業計，事業所規模 30 人以上．経常利益は全産業，全規模．
2　景気循環における経常利益が最も低下した期を 100 とし，当該期以降景気の山までの推移．数値は季節調整値の後方 3 期移動平均．

（資料）厚生労働省「毎月勤労統計調査」，財務省「法人企業統計季報」をもとに厚生労働省労働政策担当参事官室にて作成

（出所）厚生労働省『労働経済白書』2012 年版

―6）。この図は、一九八〇年代以降の景気回復期を対象に、景気の回復とともに企業の収益（横軸）と、労働者の賃金（縦軸）がどう変化してきたかについて、その四半期ごとの動きを捉えたものです。

ここに見られるように、図中の線は二つのグループに分かれています。一つは、線が右上に動いているグループです。すなわち、景気の回復とともに企業が儲かり、賃金も上がるように動いていた景気回復期です。もう一つは、線が右横（やや下）に動いているグループです。すなわち、景気の回復とともに企業

は儲かるようになりますが、賃金は上がらないように動いている景気回復期です。前者が一九九七年以前（すなわち橋本「改革」前）の景気回復期、後者が一九九八年以降（橋本「改革」後）の景気回復期です。一つの例外もありません。一九九七年を境にして日本経済の構造が変わった事実をここに見ることができます。

もちろん、この図（とこれとそっくりの図）を載せているのは政府の白書ですから、こうした変化を示しても、その変化が「構造改革」政策の結果であるとは記述していません。

しかし、他に何の原因があると言うのでしょう。労働者派遣法の改正その他の政府の規制緩和政策（「構造改革」政策）が、賃金の上がらない（むしろ下がる）日本経済をつくり出した、その結果として、九八年以降の長期停滞がある、と私は見ます（**コラム1**参照）

ここで、アベノミクスの話に戻りますと、アベノミクスはこうした現実に目を向けていません。仰々しく「三本の矢」を放つと言っても、一つも長期停滞の本当の原因を射抜く矢を放とうとはしていません。現状認識を見誤った「的外れの矢」すなわち「的外れの政策」が、アベノミクスの第三の特徴と言えそうです。

【コラム1】　なぜ「構造改革」の下で、賃金が上がらなくなったか？

賃金が上がらなくなったことと「構造改革」がどう関係しているのか、以下の四つが考えられます。

①**「構造改革」政策の下、景気が悪くなり、競争も激しくなって企業経営がきわめて厳しくなったこと**

このため、企業は一段とコスト削減（特に賃金コストの削減）に努めるようになりました。橋本

「改革」実施の翌年（一九九八年）、小泉「改革」の初年（二〇〇一、二〇〇二年）は、経済成長率の低下に見られるように景気が大きく落ち込んだ年でした（三八ページの図２―５）。橋本改革の「財政構造改革」「社会保障制度改革」、小泉内閣の「不良債権処理の促進」などといった政策が景気を落ち込ませたのです。

②「改革」政策として行われた労働規制の緩和、特に労働者派遣法の規制緩和が、企業の賃金コスト引き下げを可能にしたこと　企業は派遣労働などの活用によって賃金コストを下げることが可能になりました。派遣労働の活用は、同時に、正社員の賃金引き上げを抑制することにもなりました。

③「改革」政策として行われた資本規制の緩和で会社合併などがやりやすくなったこと　このことが、経営者に対して経営効率化、とりわけ賃金コストの引き下げを強制することになりました。企業がもうかっていてもそれだけでは安心できず、誰が経営してもこれ以上の収益をあげることができないという状況にまで経営努力しないと、企業は合併（併合、あるいは乗っ取り）されてしまいかねない状況になったのです。

④「改革」思想が広まったこと　企業は株主のためにあり、収益を極大化しなければならない、そのことを重要視して経営を行うべきである、との「構造改革」思想が広まりました。このことが、賃金引き下げ、あるいは首切りなどの経営者の行動を合理化することになりました。経営者は、恥じることなく、ためらうことなく、堂々と胸を張って、首切りをし、賃金コストを切り下げることになったのです。

以上のことが重なりあって、「構造改革」政策の下、日本経済は「賃金の上がらない構造」に

「改革」されてしまったのだと考えられます。

加えて第五の要因として、こうした流れに、まず第一に抵抗すべきは労働組合だと思うのですが、その労働組合の抵抗力の弱さ(企業別組合が中心である日本の労働組合は、企業経営が危機である〔前記①〕という訴えの下では、抵抗力を弱められてしまった)ということがあったと思われます。この要因だけは「構造改革」とは関係の薄いことなのですが——。

第四の特徴——人々の暮らしに目を向けない政策

あと一つ、最後になりましたが、最も大切なアベノミクスの特徴(第四の特徴)を指摘しておきましょう。それは、人々の暮らし、とりわけ厳しい状況にある人々の暮らしを良くするという視点もしくは目標がまったく入っていない、ということです。

先に見てきましたが、安倍内閣が発足直後に発表した「緊急経済対策」で掲げていた目標は「日本経済の再生」でした。そのために「三本の矢」を放ち、そして日本経済を成長させ、「強い経済」にする、というのです。

最初の所信表明演説(二〇一三年一月)もそうでした。安倍首相は、「我が国にとって最大かつ喫緊の課題は、経済の再生です」と述べました。「危機的な状況にある我が国の現状」に「深い憂国の念」を示していますが、その危機とは、①「日本経済の危機」、②東日本大震災からの復興が進んでいない「復興の危機」、③「外交・安全保障の危機」、④「教育の危機」でした。このうち、人々の暮らしに多少なりとも関連しているのは「復興の危機」ぐらいです。「人々の暮らしの危機」は、安倍首相の言う危機の中に入っていません。

そうした認識の下で、「経済の危機」に対処するためにアベノミクスが必要だと言うのですが、それでよいのでしょうか。危機と言うなら「人々の暮らしの危機」をあと一つ数え上げ、その危機打開の政策を打ち出すべきだと思うのです。

安倍内閣発足前後の人々の暮らしを見ますと、一年間働いても年収が二〇〇万円以下という、いわゆるワーキング・プアの人々が一〇〇〇万人を超えています。派遣、パートタイマー、アルバイトなど、不安定な非正規職員という形で働いている人が一九〇〇万人（全体の三七％）となっており、今も増え続けています。また、政府が実施している調査（「国民生活基礎調査」）で見ますと、「生活が苦しい」と訴える世帯の比率が全体の六〇％に達しています。

こうした、二、三の統計を見るだけでも、多くの人々の暮らしが「危機」的状況にあるのは明らかです。政府としては当然何らかの手を打つべきでしょう。「日本経済の再生」ももとより重要な課題かもしれませんが、それ以上に、多くの人々の「暮らしの再生」こそ重要な課題です。

ところが、アベノミクスには、そうした暮らしの危機を危機として捉える視点も姿勢も、まったく欠けています。アベノミクスの第四の特徴、ないしは最大の欠陥と言えます。

第2章　アベノミクスは成功しているのか？
――「第一の矢」「第二の矢」の効果を検証する

第1章では、アベノミクスの「全体としての特徴」を見ました。本章では、アベノミクスの「三本の矢」のうち「第一の矢」と「第二の矢」について、そもそもどういう政策か、その政策が日本経済に、そして人々の暮らしにどういう影響を与えているかを見ていくことにします。

金融政策の担い手は日本銀行

アベノミクスの「第一の矢：大胆な金融政策」を検証するにあたり、まずその政策を実施しているのは安倍内閣ではなく、日本銀行であることを確認しておきましょう。

日本銀行の役割などを定めた日本銀行法という法律があります。その第一条は「日本銀行は、我が国の中央銀行として、銀行券を発行するとともに、通貨及び金融の調節を行うことを目的とする」と定めています。また、その第三条は「日本銀行の通貨及び金融の調節における自主性は、尊重されなければならない」と定めています。「通貨及び金融の調節」とは金融政策のことです。金融政策を行うのは日本銀行であり、日本銀行は自主的に政策を行うことができる、（日本銀行以外の機関、特に政府は）その自主性を尊重しなければならない、と定めているのです。

一方で、日本銀行法はその第四条で「日本銀行は、その行う通貨及び金融の調節が経済政策の一環をなすものであることを踏まえ、それが政府の経済政策の基本方針と整合的なものとなるよう、常に政府と連絡を密にし、十分な意思疎通を図らなければならない」と定めています。金融政策を実施するに当たっての心構えを説いた条項と読めますが、読んで明らかな通り、金融政策についての政府の権限を認めたものではありません。

政府の権限については、日本銀行法はその第一九条で次のように定めています。財務大臣などは金融調節事項を議事とする会議に出席して意見を述べることができる、議案を提出することができる、次の会議まで議決の延期を求めることができる、と。政府は意見を述べることができ、議案を提出することができ、(気に入らない議決がされそうになったら)決定の延期を求めることができる、というわけです。ただし、政府の権限はそこまでであり、意見を述べても、議案を提出しても、議決の延期を求めても、それらについて最終的に決定するのは日本銀行であり、その決定に政府が参加することはできない、ということを同時に言っているわけです(**コラム２**参照)。

その議決(金融政策の決定)を行うのは日本銀行の政策委員会です。政策委員会の委員は九人です。内訳は、日本銀行の総裁と副総裁(二人)、それに審議委員(六人。経済または金融に関して高い識見を有する者、その他学識経験のある者のうちから、両議院の同意を得て、内閣が任命)となっています。金融政策は、この九人の委員会による多数決で決めることになっています。

「大胆な金融政策」へ、安倍首相の圧力

このように、金融政策決定の権限を持ち、その自主性の尊重も法律にうたわれている日本銀行

が、安倍内閣の誕生とともに、なぜそれまでとは様変わりの「大胆な金融政策」を実施するようになったのでしょうか。二つの理由が考えられます。

一つは、日本銀行法を変えるという安倍首相の圧力に日本銀行が屈したことです。「グローバルな新しい金融に対応するために、日銀法の改正も視野に入れた、かつての自民党は一度も挑んだことはなかった大胆な金融緩和を行っていく」というのは、二〇一二年一一月一六日、衆議院が解散された後の記者会見での安倍自民党総裁の発言でした。そしてこの内容は、同月二一日に公表された自民党の選挙公約にも「日銀法の改正も視野に政府・日銀の連携強化の仕組みを整える」と書き込まれました。

日銀法の改正について、特に日本銀行が気にしたのは総裁の解任権だと思われます。今の日本銀行法はその第二五条で「日本銀行の役員……は、……在任中、その意に反して解任されることがない」と定めています。日本銀行の政策決定の自主性を人事の面から担保した条項ですが、安倍自民党総裁の脳裏にこの条項の改定があったことは明らかです。政府の意に従わない日本銀行総裁は政府の手で解任することができるようにする、というわけです。日本銀行にとっては嫌なことです。

そこで、安倍内閣の成立後、日本銀行は政府の意に沿った政策を展開するようになりました。

二つは、これはたまたまですが、安倍内閣成立後の二〇一三年三月に日本銀行副総裁二人の任期が満了し、同年五月に総裁の任期が満了する予定にあったということです（任期はともに五年）。安倍首相は日本銀行総裁と副総裁（二人）を、自らの政策に賛意を表する人物に置き換えることができました（総裁及び副総裁は、両議院の同意を得て、内閣が任命する、となっています。日本銀行法第二三条）。

こうして、アベノミクスの「第一の矢：大胆な金融政策」は、日本銀行によって、安倍首相の思いの通りに実施されるようになったのです。

【コラム2】 中央銀行の独立性について

一国の金融制度の中心であり、通貨（銀行券）の発行権を独占し、金融政策を行う銀行を中央銀行と呼びます。日本の日本銀行、アメリカの連邦準備制度理事会（FRB）、イギリスのイングランド銀行などがそれに当たります。

中央銀行は、政府の干渉を受けず、自らの責任と判断で金融政策を行うべしとする原則を中央銀行の独立性の原則と呼びます（日本銀行法は、本文でも見た通り、この独立性を「自主性」と表現しています）。

近年では、多くの国々が、この中央銀行の独立性を重視する立場をとっています。これは歴史の教訓を踏まえてのものです。すなわち、アメリカも、日本もそうですが、第二次世界大戦中、政府が戦費調達のために国債を発行し、それを中央銀行に引き受けさせるということをしました。その結果、政府の資金調達は容易になりましたが、国債発行額が大幅に増え、後にその価格が大幅に下がり、インフレになってしまったのです。中央銀行が時の国家権力と結びつくとき、それは金融を財政に従属させることにつながり、貨幣価値の信用を喪失させる——インフレを引き起こす——可能性が高くなります。それを防ぐため、中央銀行の独立性を保障することが大切だと考えられるようになったのです。

ですから、安倍首相が日本銀行法を改正して日本銀行を政府の指揮下に置こうとしたことは、もしそれが実現していたとすれば、歴史の教訓を踏まえない暴挙として禍根を残すことになったと思われます。

日本銀行法は、その第二条で「日本銀行は、通貨及び金融の調節を行うに当たっては、物価の安定を図ることを通じて国民経済の健全な発展に資することをもって、その理念とする」と定めています。「物価の安定」を目標に、「国民経済の健全な発展」を念頭において、日本銀行は金融政策を、（政府の圧力を気にすることなく）自主的に決めるべきだと定めているのです。

ただし、中央銀行の独立性については、もう一つ困難な問題があります。民主主義体制のもとで（財政政策については国会の議決という形でその原則が守られているにもかかわらず）、なぜ金融政策については、一握りのエリート集団（日本で言えば九人の政策委員）が、勝手に政策決定をしてよいのか、という問題です。その政策決定が、本当に国民のためになっているのか、という疑問もあります。

この疑問に対して、日本銀行は、現在のところ、議事録の公表など情報公開を進め説明責任を果たすことで対処しようとしているようです。一方で、政策委員に、真にそれにふさわしい人物を選んでいくということも必要であり、提案する政府、同意する議会の見識が問われるところです。

「大胆な金融政策」の中味

アベノミクスの「大胆な金融政策」の柱は次の三つから成っています。

第一は、消費者物価の前年比上昇率二％を「物価安定の目標」として掲げ、その早期の実現を目指すということです。この目標は、安倍内閣成立直後ともいうべき二〇一三年一月二二日、政府・日本銀行の共同声明として掲げられました。まだ白川方明《しらかわまさあき》日本銀行総裁の時です。それまで日本銀行は、物価上昇「一％を目指して」「強力な金融緩和」を実施していたのでした。「目指して」を「目標として」に変え、目指す（あるいは目標とする）消費者物価上昇率を一％から二％に引き上げたのです。いずれも安倍内閣の意向を汲んでのことでした。

第二は、日本銀行から民間（金融機関）に供給する資金の総量（マネタリーベース）を年間六〇〜七〇兆円のペースで増加させていくということです。日本銀行は、二〇一二年末に一三八兆円であったマネタリーベースの残高を、一三年末には二〇〇兆円に、一四年末には二七〇兆円にするとの数字を示しています。この決定は、一三年四月四日、新しく就任した黒田東彦《くろだはるひこ》日本銀行総裁の下で、金融政策委員会が行いました。

第三は、マネタリーベースを増加させる手段として、主に民間金融機関が保有している国債を購入するのですが、その購入する国債の平均残存期間（満期までの期間）を、それまでの三年弱から七年程度に延長するなどとしたことです。これも四月四日に決定しました。日本銀行は、第二と第三とを合わせて、これまでとは「量・質ともに次元の違う金融緩和」と呼んでいます。

「大胆な金融政策」の狙い

こうした「大胆な金融政策」で、日本銀行は、そして安倍首相は、日本経済を長期不況から脱出させるとしています。その論理は次のようなものです。

①日本銀行が民間金融機関に大量の資金を供給すると、それを受けて、民間金融機関は民間企業や個人への貸出を大幅に増やす。

②民間企業や個人は、増えた資金をもとに設備投資を増やす、もしくは消費を増やす。

③日本銀行が二%という消費者物価上昇率目標を掲げていると、民間企業や個人はその目標が実現すると信じるようになる。そうすると、物価上昇率が二%になる前に設備を作ろうとする、あるいは消費財を買っておこうとする気持ちが高まる。そのためにさらに投資や消費が増える。結果として景気が良くなる、日本経済は長期不況から脱出する——。

そんなにうまくことが運ぶのだろうか、という疑問が浮かびます。なにしろ、安倍内閣の成立以前から、歴代内閣の強い要請もあって、日本銀行は大幅な金融緩和を行っていたのです。そしてそれがなかなか実らなかったのが現実なのです。

安倍内閣発足前の金融緩和の状況を見ましょう(**図2—1**)。図2—1は日本銀行が半年ごとに公表している展望レポート(「経済・物価情勢の展望」)の二〇一二年一〇月号に掲載されている図です。日、米、欧(ユーロ圏)、それぞれの中央銀行が民間金融機関に供給している資金の総額(マネタリーベース)をそれぞれの国、地域の経済規模(GDP)と比較しています。

一見して明らかですが、安倍内閣成立時、すでに日本の金融緩和の度合いは、米、欧と比べて突出していました。二〇一二年時点(図の右端)で、日本のマネタリーベースの対GDP比は二五%程度、米、欧は一〇%台後半でした。先進国中もっとも金融を緩和していた日本。その日本で、

図 2-1　日本はすでに先進国中最大の金融緩和政策を行っていた

日米欧マネタリーベースの対 GDP 比率

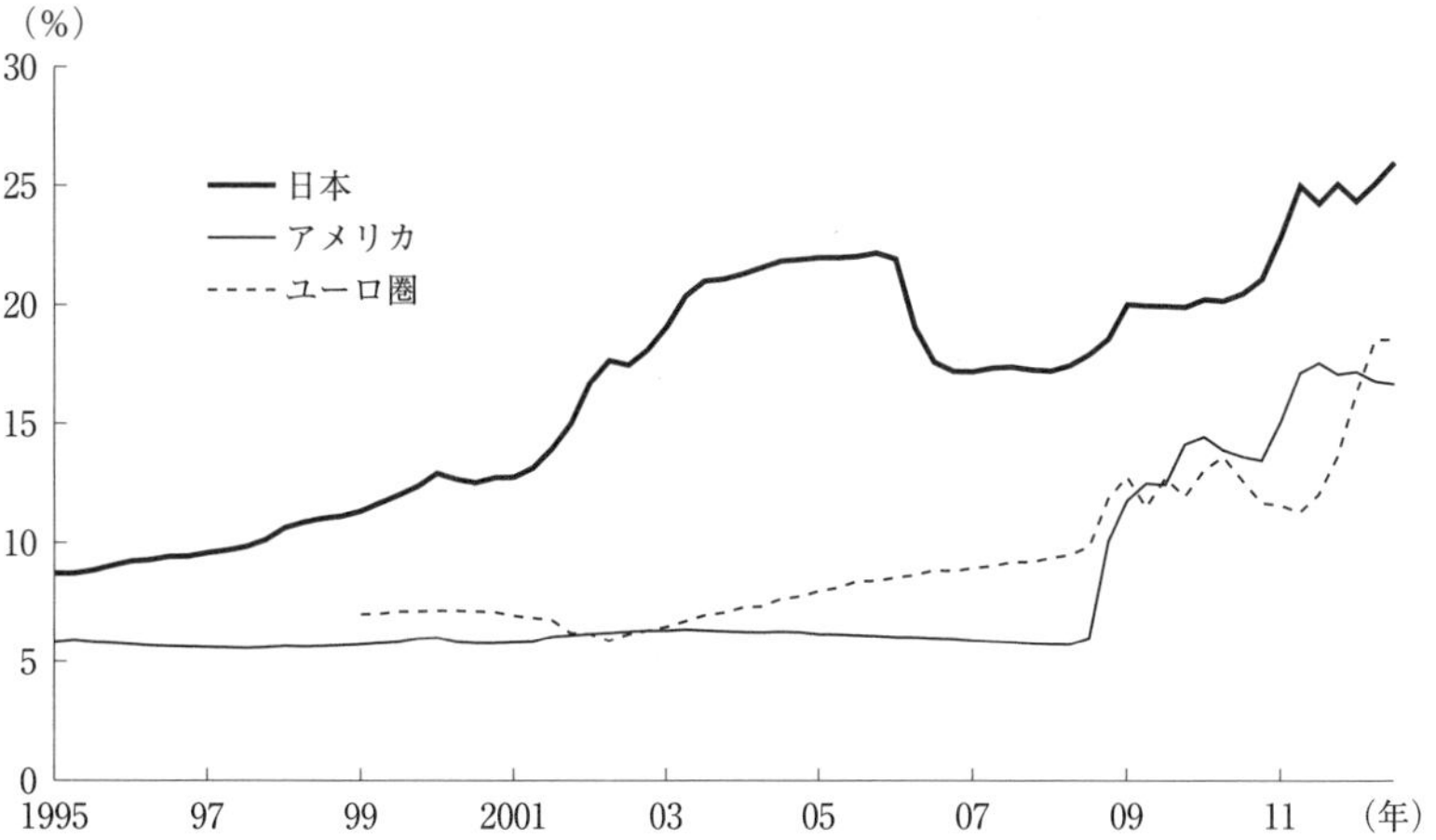

(注)　マネタリーベースは，銀行券発行高，貨幣流通高および中央銀行当座預金の合計.

(資料)　内閣府，日本銀行，FRB，BEA，ECB，Eurostat

(出所)　日本銀行「経済・物価情勢の展望」2012 年 10 月

アベノミクスはさらに「大幅な金融緩和を実施する」というのです。マネタリーベースの対ＧＤＰ比を、四月四日発表の日本銀行の目標数字をあてはめて計算しますと、二〇一三年末に四〇%台に、一四年末に五〇%台半ばにするというのです。図２―１の上の目盛りをはるかにはみ出たところに日本の太線をもっていくというのです。過去にも洋の東西にも例を見ない、「大胆」を通り越して「度外れ」の政策というほかありません。

はたして、それでうまくいくのでしょうか。論より証拠、現実を見てみましょう。

民間貸出は増えず、景気も良くなっていない

統計を見ますと、マネタリーベースの残高は、二〇一三年末で二〇二兆円であり、計画通り二〇〇兆円を超え、一二年末に比

べ六四兆円増えています。それでは、民間金融機関の貸出の方はどうでしょうか。二〇一二年末が四三四兆円で、一三年末が四四九兆円です。つまり一五兆円しか増えていません。景気の方はどうでしょうか。GDPを見ますと、一二年一〇～一二月期の一二三兆円が一三年一〇～一二月期の一二五兆円となっており、二兆円の増加に止まっています。国内民間需要の増加が三兆円、そのうち民間消費の増加が二兆円で、設備投資は増加〇・四兆円という状況です。ちなみに、二〇一四年に入ってからの動きを見ますと、一四年五月末のマネタリーベースの残高は二二七兆円で、一三年末比で二五兆円増えています。一方、銀行貸出残高は四四九兆円で一三年末比横ばいです。先にまとめた「大胆な金融政策」の論理①、②、③ともに実現していないのです。机上の空論でしかなかったと言っていいでしょう。

もっとも、①、②、③が机上の空論であることは、安倍首相やその周辺、そして日本銀行の新総裁や新副総裁はともかく、多くの人には分かっていたことです。ちなみに、図2―1(の元になった図)を展望レポートに載せた日本銀行の元執行部にも分かっていたと思います。この図は、日本はこれだけ金融緩和をやっているのに、景気を良くすることには効いておらず、これ以上やっても無駄である、と言外に言っている図なのですから(なお、展望レポートは、その後も、二〇一三年四月、一〇月、一四年四月と発表され続けていますが、図2―1を継続させた図、ないしはこれと類似した図は掲載されていません)。

副次的な効果としての株高と円安

このように、安倍首相や日本銀行が意図した効果がまったく上がっていない「大胆な金融政策」ですが、一方で、株高・円安という副次的な効果を生むことにはなりました。

ここに副次的な効果と書きましたのは、安倍首相も日本銀行も、「大胆な金融政策」で株価を高くし、また円安にすることによって日本経済を長期不況から脱出させるとは公言していないからです。そもそも、政府の政策として株価を上げることを目標にするなどとは言えないことです。また、円相場を安くすることを目標にするなどと言えばたちまち諸外国から批判が出てきますから、これも言えることではありません。公式見解としては、あくまで「大胆な金融政策」の結果として株高と円安が生じた、ということになります。

ただし、政府の本音としては、株高・円安の実現を目指したのかもしれません。株高になれば社会の雰囲気が明るくなり、安倍内閣の支持率を上げるのに好都合ですし、円安も同様です。そして、本当の狙いが株高・円安にあったとすれば、先に見た「大胆な金融政策」の効果についての説明の荒唐無稽さも、それはそれで承知の上のことであったと説明がつくのかもしれません。

ともあれ、「大胆な金融政策」のもと、大幅な株高、円安が生じたことは事実です。

株価について見ますと、株高は、安倍内閣の発足前から、もっと具体的に見ますと、野田佳彦前首相が国会(衆議院)解散の意向を表明した二〇一二年一一月一四日から始まっています。その前日、一一月一三日の株価(日経平均、終値)は八六六四円でした。それが、国会(衆議院)が解散された日(一一月一六日)には九〇〇〇円台となり、安倍内閣発足の前日(一二月二五日)には一万円台に乗りました。以降一三年五月まで上昇傾向が続き一万六〇〇〇円近くにまでなります(**図2**—

2）。「大胆な金融政策」を日本銀行が決定したのは四月四日ですから、その政策の決定以前に株価はすでに大幅に上昇していたのです。この間の株の買い手がもっぱら外国人投資家であったことを考え合わせますと、株高は金融大緩和の結果ではなく、金融大緩和によって株価が上がるだろうと投資家（特に海外の投資家）が期待したためと見ることができます。

円安についても流れはほぼ同様です。株価が底値であった二〇一二年一一月一三日、東京市場の対ドル円相場（中心相場）は一ドル七九円六二銭でした。それが安倍内閣の発足前日（一二月二五日）には八四円八三銭となりました。以降一三年五月の一ドル一〇五円近くにまで円安が進みます（**図2－3**）。これも金融大緩和により円安になるだろうとの期待の産物と見ることができます。

ただし、「大胆な金融政策」への期待がもたらした株高・円安については、その進行が二〇一三年五月中にはほぼ終わっていることに注意が必要です。図2－2、2－3に見る通り、六月以降、株価はやや低下傾向、円の対ドル相場はやや円高傾向の動きとなっています。六月以降も、五月以前と同様、日本銀行は毎月ほぼ五兆円の規模で資金供給を行っている（マネタリーベースを増やし続けている）にもかかわらず、です。

二〇一三年一一月から一二月あたり、市場では再び株高、円安の動きが現れていますが、これは図にも示した通り、アメリカの経済金融情勢の変化を反映してのものと思われます（アメリカ経済の好転を反映してニューヨーク市場の株価が上昇し、その影響で日本の株価も上昇。そして、アメリカの金融政策を反映してアメリカ金利が上昇すると見込んでのドル高・円安の進行）。

すなわち「大胆な金融政策」については、その副次的効果の方も出尽くした、ということです。

図 2-2 金融の大幅な緩和による株高効果は 2013 年 5 月までで出尽くした

株価の動き

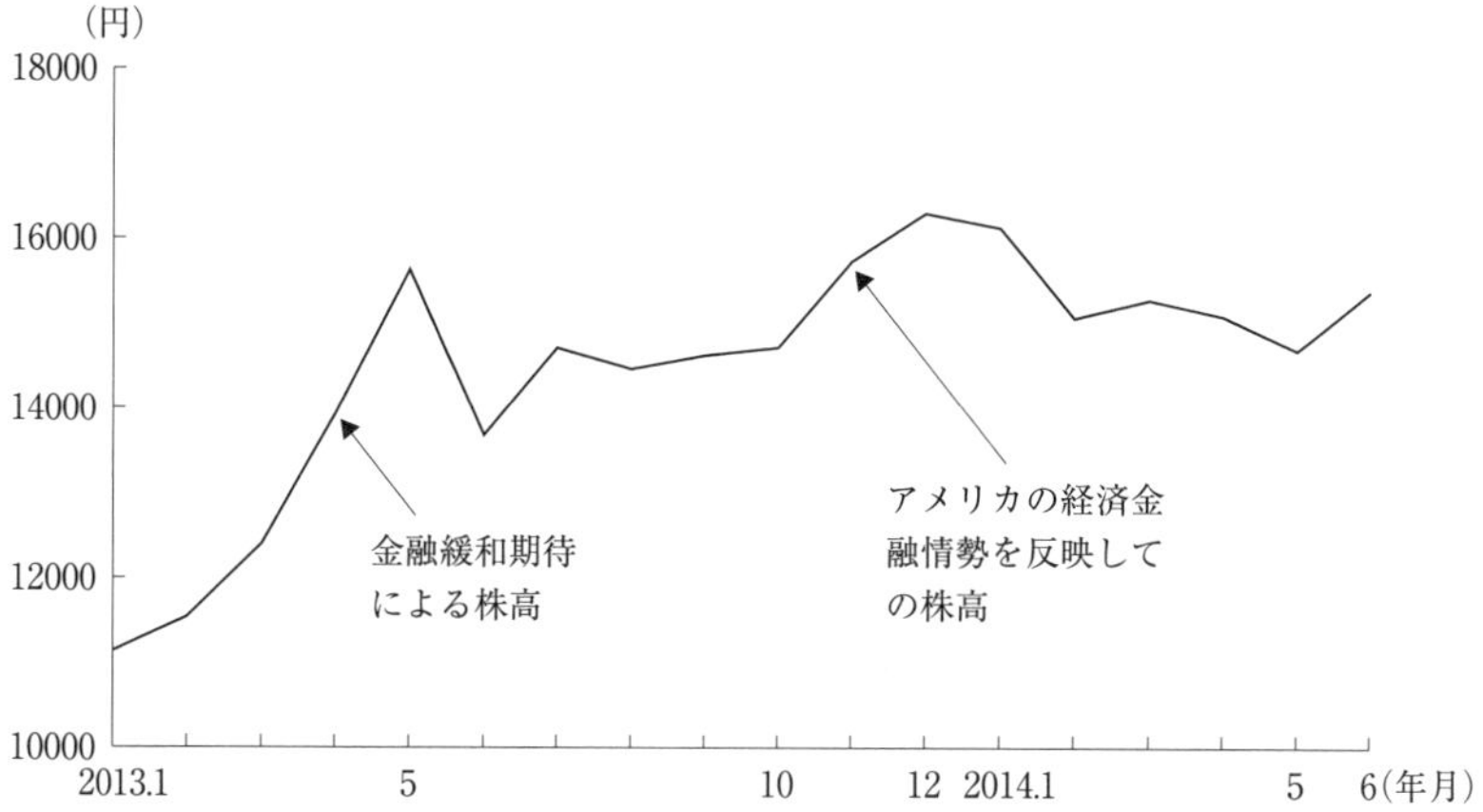

(注) 日経平均各月中終値の最高値.

図 2-3 金融の大幅な緩和による円安効果は 2013 年 5 月までで出尽くした

対ドル円相場の動き

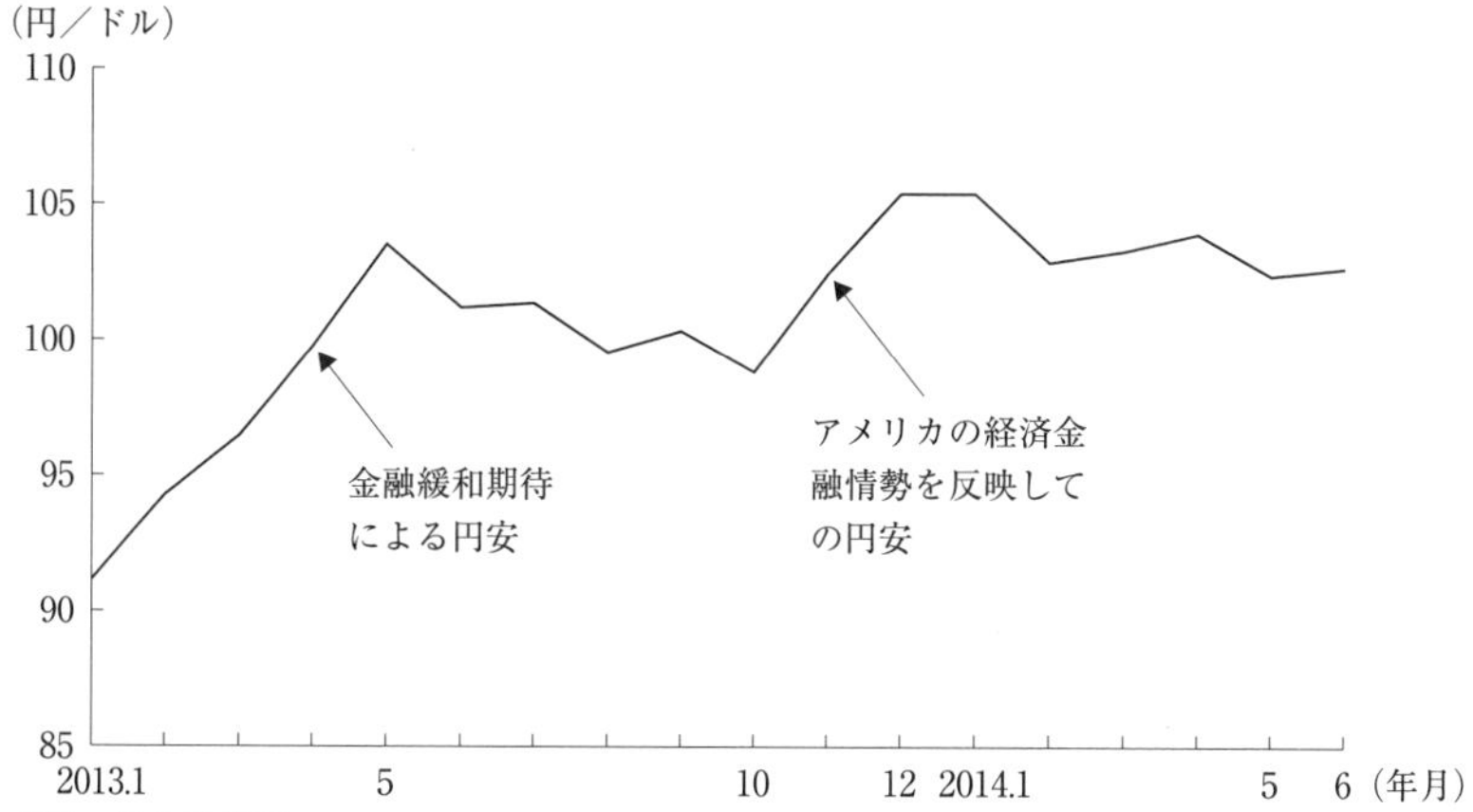

(注) 月中最安値.

副次的効果の派生効果——大企業の収益改善と資産家の消費拡大

株高・円安の実体経済への影響を見ておきましょう。

「大胆な金融政策」の副次的効果の、いわば派生的効果とも言うべきものについてです。

第一に、金融機関、そして大企業の収益を拡大させたということがあります。

株高が株式を大量に保有するこれら機関の資産価値を高めました。円安が輸出大企業の、円ベースでみた受け取り代金を増加させました。日本経済新聞社の集計を見ますと、対象大手一五一六社（金融・電力を除く）の二〇一四年三月期決算の経常利益は前年度比三六％増加し、リーマン・ショック前の決算である〇八年三月期の九六％の水準に達したということです（『日本経済新聞』二〇一四年五月一六日付）。大手銀行の純利益も過去最高であったと伝えられています。

第二に、ただしこれらの高収益がどこに向かったかは、未だ必ずしも明らかではありません。一部は正社員のボーナスの増額に、また配当金の支払い増に向かったと見られますが、それによる消費支出増は計測できるほどのものではありません。それによって設備投資が格段に増えたということもなさそうです。大半は、内部留保として企業内に蓄積されたのでしょう。

第三に、株式を大量に保有する資産家の資産価値を高め、その一部が高額商品（乗用車、貴金属など）の購入に向かったということはあるようです。

第四に、円安を反映して物価が大幅に上がったということがあります。二〇一三年の消費者物価の上昇率は、年平均で見ると〇・四％（二〇一二年は〇％）でしたが、一三年の月ごとの動きを見ますと、一月から五月までの前年同月比マイナスから六月にはプラスに転じ、一二月には一・六%の上昇となっています。人々の生活がそれだけ厳しくなっていると同時に、国内の中小製造業や小売業、運輸業などの経営もコストの上昇で厳しくなっているのです。

第五に、円安による輸出入の数量面への影響はほとんど出ていません。円安によって国内製品が割安となって輸出が増えたり、海外製品が割高となって輸入が減り国内生産が増えるなどする——そうしたことをおそらく安倍首相は期待していたのでしょうが、目下のところ、そうしたことはまったくといっていいほど起こっていません。二〇一二年末の一ドル八六円から一三年末の一〇五円へ、対ドル円相場は大幅な円安となりましたが、一三年の輸出数量は前年比一・五%減と増えていません。輸入数量は〇・三%増と減っていないのです。

「機動的な財政政策」の内実は一方的な公共事業増大

アベノミクスの「第二の矢：機動的な財政政策」に目を移しましょう。

実のところ、この「第二の矢」をなぜ「機動的な財政政策」と呼ぶのか、よく分かりません。この一年半の安倍内閣の財政政策を見ますと、ひたすら公共事業の拡大に努めているばかりだからです。「機動的」と言いますと、状況に応じて財政支出を増やしたり減らしたりする臨機応変の政策ととれますが、実際はひたすら増やすばかりで、少しも「機動的」ではないのです。また、「財政政策」と言いますと、所得再分配政策＝社会保障政策も含むはずですが、こちらはひたすら削る一方で、公共事業は増やすばかりです。言葉の意味を知らないのか、あるいは知っていてごまかしているのか（おそらく後者でしょう）、「第二の矢」について正しくは「公共事業拡大政策」と呼ぶべきでしょう。

ここで安倍内閣発足後の「第二の矢」に関連する政策を振り返ってみましょう。

まずは、発足直後の二〇一三年一月に、総額一〇兆円という巨額の二〇一二年度補正予算を編成し、成立させました。その柱は公共事業の拡大です。この結果、一二年度の補正後予算規模は一〇〇兆円を超え、東日本大震災の年（二〇一一年度）の一〇七兆円、リーマン・ショックの翌年（二〇〇九年度）の一〇二兆円に次ぎ、史上第三位（平時では最大）となりました。

続いて、二〇一三年度の当初予算です。九二・六兆円（前年度当初予算比二・五％増）の大規模予算を組みました。公共事業関係費については五・三兆円（前年度比一五・六％増）を計上しています。

さらに、二〇一三年度補正予算です。総額五兆五〇〇〇億円で、東京オリンピックのためのインフラ整備や、東日本大震災被災地の復旧・復興、国土強靱《きょうじん》化などが名目とされ、この予算でも中心は公共事業でした。

そして、二〇一四年度の当初予算です。安倍内閣が一四年三月二〇日に成立させた一四年度予算の規模は九五・九兆円（前年度当初予算比三・五％増）で過去最大規模の超大型予算でした。公共事業関係費については約六兆円（ただし、特別会計の統合分〇・六兆円を含む。これを除けば五・四兆円で前年度当初予算比一・四％増）と、引き続き増額予算を組んでいます。

公共事業頼りの景気回復

図 2-4　景気を支えているのは今世紀最大規模の公共投資

実質公共投資・前年比伸び率

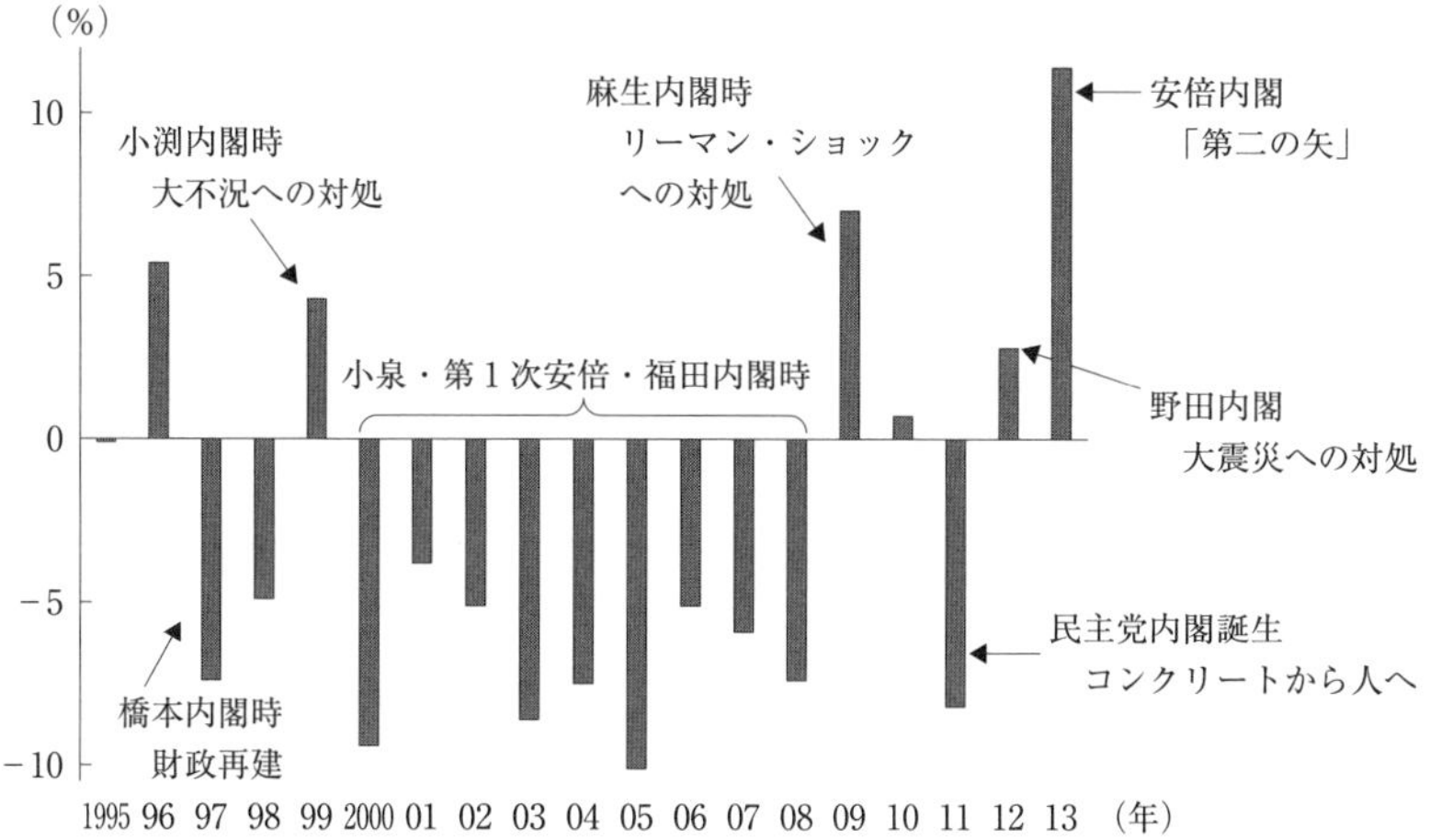

(注)　公共投資はGDPベース・公的資本形成.

(資料)　内閣府「国民経済計算」

公共事業予算の増額に次ぐ増額でどうなったでしょうか。

景気の回復には確実にプラスになっています。国民所得統計で公共投資の伸び率を見ましょう(**図2―4**)。二〇一三年の公共投資の前年比実質伸び率は一一%を超え、リーマン・ショック後の〇九年の伸び率(七%)や、一九九七、九八年の大不況からしゃにむに日本経済を脱出させようとした九九年の小渕内閣時の伸び率(四%強)、そしてバブル破裂による不況からの脱出を図った九六年の伸び率(五%強)を大きく上回っています。平時としては異常な大きさとなっています。

その分、経済成長への寄与も大きく、二〇一三年のGDP実質成長率一・五%のうち〇・五%は公共投資の伸びによるものでした。この寄与率の高さは一九九六年(〇・五%)以来のことで、近年で最高です(**図2―5**)。

図2-5　2013年の景気回復には公共投資が大きく寄与

実質GDP成長率と公共投資寄与度の推移

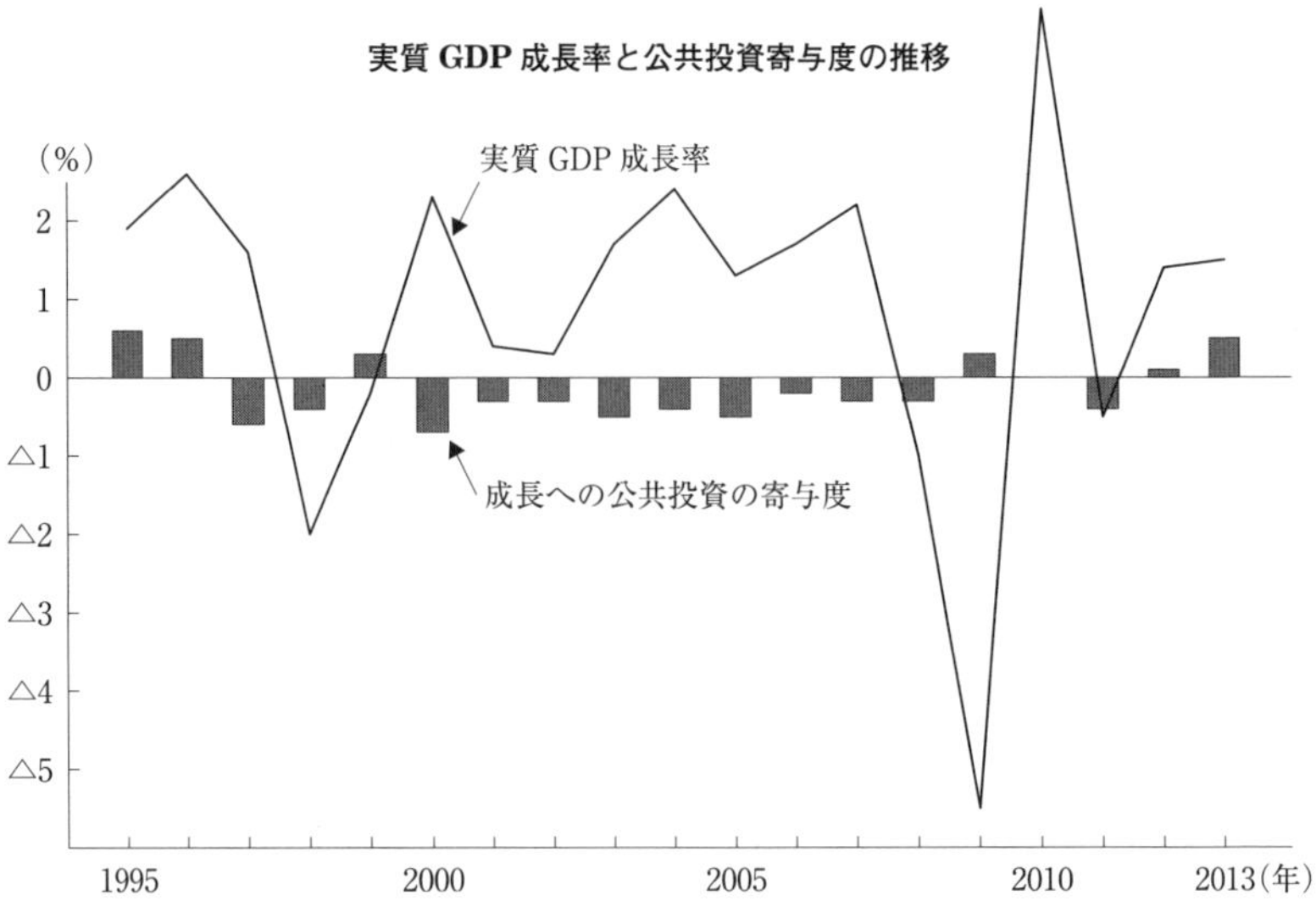

(資料)　内閣府「国民経済計算」

公共事業を増やせば経済は成長し、その分、景気が良くなるというのは、当然と言えば当然です。先に第1章で、日本経済の長期停滞の原因は賃金の下落による国内民間需要の落ち込みにあることを見ました。問題にしたのは消費需要の落ち込みですが、広く言えば需要の落ち込みです。その点、需要不足を補えば景気は回復するというケインズ経済学の処方箋は、短期に限って言えば有効です。アベノミクスの「三本の矢」のうち、先に見たように「第一の矢」は的外れ、後に見るように「第三の矢」もまったくの的外れの矢ですが、辛うじて「第二の矢」は、的近くに飛ぶ矢ではありました。それが当面の景気回復を生んでいます。

ただし、公共事業頼りの景気回復には限界があります。公共事業を増やしている間はよいのですが、増やせなくなると、とたんに景気は落ち込んでしまうという限界です。

例えば、先に二〇一三年の日本経済の実質成長率が一・五％で、うち公共投資の寄与が〇・五％だったという実績を見ましたが、この公共投資の寄与〇・五％は、公共投資を前年比一〇％以上増やしたことを受けてのものです。ということは、一四年もまた、公共投資を一三年比一〇％以上増やさなければ成長への寄与度は落ち、他の条件が一定とすれば成長率も下がる、ということになります。そして一五年もまた……。限界が来るのは目に見えています。

財源や財政赤字の問題もあります。二〇一四年四月から安倍内閣は消費税率を八％とし、三％引き上げました。それによる一四年度の国の税収増をおよそ五兆円と見込んでいます。しかし、一四年度予算では国債発行額を四一・三兆円と見込んでおり、一三年度比一・六兆円しか減らせないとしています。この結果、一四年度末の国債残高はおよそ七八〇兆円と、一三年度末比三〇兆円ほど増える見通しにあります。増税しても年間の財政赤字の額（国債発行額）はあまり変わらず、政府の借金残高（国債発行残高）は増え続けるという状況です。公共事業にばかり依存した景気回復に頼っていてはいけないのです。

あと一つ、環境破壊の問題も見逃せません。安倍内閣が実施している公共事業の中には、大型港湾の建設や自動車道の建設、ダム建設など、人々の生活環境や自然環境を破壊する事業が多くあります。景気を一時的に良くすることの代償としては大きすぎるというべきでしょう。

第3章　アベノミクスは何をもたらすのか？
――「第三の矢」が暮らしを危険にさらす

本章では「第三の矢：民間投資を喚起する成長戦略」について見ます。「第一の矢」「第二の矢」がすでに放たれている（現在も放たれ続けている）矢であるのに対し、「第三の矢」は、これから本格的に放たれようとしている矢です。どんな矢なのか、それを見ることから始めましょう。

「世界で一番企業が活動しやすい国」とは

まず、「第三の矢」の目標についてです。第1章で触れた「緊急経済対策」で、安倍首相は、日本を「世界で一番企業が活動しやすい国にする」との方針を打ち出しました。そのために、「財政、税制、規制改革、金融政策などのツールを駆使する」とも宣言しました。政府の持てる力を総動員して、日本を企業にとって都合のよい国にする、というのです。

その「第三の矢」の具体的な中味を語った最新版ともいうべき「『日本再興戦略』改訂二〇一四――未来への挑戦」（二〇一四年六月閣議決定、以下「再興戦略」）では、「世界で一番企業が活動しやすい国」を「世界に誇れるビジネス環境」と表現しています。「民間投資を喚起する」ために、「世界に誇れるビジネス環境を整備する」のが「第三の矢」の目標である、ということのようです。

このような目標を見たところで、それでいいのだろうか、などという疑問がただちに浮かんできますが、それに触れるのは後のことにしましょう。まずは「再興戦略」に依って、「第三の矢」の具体的な中味を見ることにします。

と言っても、「再興戦略」は、Ａ４判で一二〇ページを超えるという膨大な文書です。そこで示されている具体策も数えきれないほど多数です。以下では、その主だったものを、幾つかにグループ分けして見ていきます。

さて、安倍首相は、「世界で一番企業が活動しやすい国」をつくり出すために、何をどうしようとしているのでしょうか。

減税や規制緩和による企業の「稼ぎ」のお手伝い

第一は、減税です。「再興戦略」には「成長志向型の法人税改革を断行する」という言葉がまず出てきます。続けて、「日本の立地競争力を強化するとともに、我が国企業の競争力を高めることとし、その一環として、法人実効税率を国際的に遜色ない水準にまで引き下げる」とあり、「数年で法人実効税率を二〇％台まで引き下げることを目指す」とあります。「この引き下げは、来年度から開始する」というおまけも付いています。

第二は、規制緩和です。沢山の規制緩和策が提示されていますが、ここでは三つに大別してみました。

一つは、労働に関する規制緩和です。「柔軟で多様な働き方の実現」というタイトルの下（このタイトルは、正しくは、「働き方」ではなく「働かせ方」とするべきでしょう)、「時間ではなく成果を評価される働き方への改革」とあり、「一定の年収要件(例えば少なくとも年収一〇〇〇万円以上)」云々の労働者を対象として、労働時間と賃金のリンクを切り離した「新たな労働時間制度」の創設」を計画しています。要は、労働時間に関する規制緩和です。同時に「裁量労働制の新たな枠組みの構築」「フレックスタイム制の見直し」なども行うとしています。これも労働時間規制の緩和です。他方で、「職務等を限定した「多様な正社員」の普及・拡大」を行うとしています。また、「予見可能性の高い紛争解決システムの構築」という標題の下、「金銭による解雇」システムの導入を行うとしています。この二つは、解雇規制を大幅に緩和しようとするものです。

なお、労働の規制緩和と関連の深いものとして、「外国人が日本で活躍できる社会へ」という標題で、「外国人技能実習制度の抜本的見直し」を計画しています。対象業種の拡大、実習期間の延長(三年→五年)、受け入れ枠の拡大などと、見直しの要点まで、きわめて具体的に指摘しています。ちなみに、この技能実習制度は、国連自由権規約委員会から、「同制度の下で性的搾取、労働に関係する死亡、強制労働に達しうる状況に関する報告が多く存在する」として、制度の見直しを勧告されているものです(二〇一四年七月)。国連勧告とはまったく逆方向への「見直し」を行おうとしているわけです。

さらに、「建設および造船分野における外国人材の活用」の計画や、「特区」における「外国人家事人材の活用」という計画もあります。後者は、日本人女性の活躍推進のため、というのです。二つは、労働以外の規制緩和です。これも、あれこれ計画されていますが、特に重点が置かれているのが農政分野、医療・介護の分野です。おそらく、ＴＰＰ(環太平洋連携協定)参加の条件整備ということもあるのでしょう。

医療に関しては「保険外併用療養費制度の大幅拡大」とあります。要するに、保険医療と保険外医療との混合診療を本格的に認める、ということです。「多様な患者ニーズの充足」「医療産業の競争力強化」「医療保険の持続可能性保持」等の要請に対してより適切に対応するための施策と、その理由づけがなされています。

三つは、「国家戦略特区」です。「国家戦略特区」も、安倍首相が「大胆な規制緩和の突破口」と位置づけていることからもうかがえますように、規制緩和の範疇《はんちゅう》に入れていいでしょう。「国家戦略特区」については、すでに二〇一三年一二月に国家戦略特別区域法を成立させ、一四年三月にはその具体的区域(東京圏、関西圏、新潟市、兵庫県養父市、福岡市、沖縄県)の特定も行っています。「今後は、二〇一五年度までを「集中取組期間」とし、「岩盤規制全般の重点事項と改革スケジュールを早急にとりまとめる、具体的な事業等を開始していく」としています。

第三は、企業をさらに稼がせるための環境整備です。ＴＰＰの早期妥結、原子力発電所の再稼働などがうたわれています。原発の再稼働については、「原子力規制委員会により世界で最も厳しい水準の規制基準に適合すると認められた場合には、その判断を尊重し、再稼働を進める」とあって、判断は規制委員会に任せた記述となっていますが、再稼働に慎重と見られる委員を再稼働推進派と見られる委員に置き換えるなどの手がすでに打たれています(安倍首相お得意の手です)。そのほか、大学改革(グローバル人材の養成、産業界のニーズを踏まえての教育、研究など)、マイナンバー制度の利用範囲の拡大（金融、医療、その他）、ＰＰＰ／ＰＦＩ（公共サービスの提供における民間との連携）の推進、空港等インフラの整備など、きわめて多岐にわたり企業の経営環境を整備する、としています。

さらに、「公的・準公的資金の運用等の見直し」というのがあります。「年金積立金管理運用独立行政法人（ＧＰＩＦ）」の資金運用について、株式への運用割合を上げさせる、としています。この提言については「運用の改革は、専ら被保険者の利益のために行うものである……「それが」結果的に成長への投資、ひいては日本経済に貢献し、経済の好循環実現にもつながる」との注がつけられています。本音は株価の引き上げのためであるとの批判を意識してのことと思われます。多少後ろめたい政策であるのかもしれません。

なぜ、「世界で一番企業が活動しやすい国」づくりなのか

こうした、企業のための、至れり尽くせりともいえる「世界で一番企業が活動しやすい国」づくりの施策ですが、これを見てきて最初に浮かぶ疑問は、なぜこれほどまでに、一国の政府が民間企業のための施策を展開しなければならないのか、ということです。

例によって、安倍首相の側からは、この疑問に対する答えは示されていません。ただ、日本経済の再生のために必要なのはこのことだと、説かれているだけです。そこで、第1章と同様に、その政策の内容から、この疑問に対する答えと思われるものを引き出してみましょう。

表向きの理由は、日本経済を長期停滞から脱出させるためですが、疑問なのは、そのために、

なぜ「世界で一番企業が活動しやすい国」づくりが必要なのかということです。安倍内閣が閣議決定した文書、安倍首相の発言などから推察される理由が二つあります。

その一は、「世界で一番企業が活動しやすい国」をつくることによって企業の稼ぎ（ないしはそこから税金を差し引いた資金）が増え、それによって企業の投資も増え、その結果、日本経済が成長すると安倍首相が考えているからでしょう。アベノミクスの「第三の矢」を「民間投資を喚起する成長戦略」と表現しているゆえんです。

その二は、「世界で一番企業が活動しやすい国」をつくることによって、「企業収益の更なる拡大が実現し、雇用機会の拡大、賃金の上昇、配当の増加という様々なチャネルを通じて、脱デフレの果実が最終的に国民に還元される、真の好循環が実現する」（「再興戦略」）と安倍首相が考えていることです。すでに二〇一三年一月の記者会見で、安倍首相自身が「企業の収益を向上させて、そして雇用や賃金の拡大につなげていきたい」とも語っています。

そこで問題は、この二つの考えは正しいかどうか、ということになります。正しければ「世界で一番企業が活動しやすい国」づくりも納得できるというものです。

投資不足が長期停滞の原因か

この二つについて、まずその一「企業収益増→投資増」の考え方から検討してみましょう。

最初に押さえておきたい事実があります。日本の投資の水準は他の先進国と比較して結構高い、という事実です。投資は、設備投資と研究開発投資とに分けられます。順に見ていきましょう。

表 3-1　日本の研究費支出の水準は高い
——OECD 主要国の研究費の対 GDP 比

	研究費(億ドル)	対GDP比(%)
アメリカ	4152	2.8
日本	1597	3.7
ドイツ	931	2.9
韓国	599	4.0
フランス	518	2.2
イギリス	396	1.8
イタリア	248	1.3
カナダ	243	1.7
スペイン	198	1.3
スウェーデン	132	3.4

(注)　1　企業のほか，大学，政府機関等の研究費も含む．2011 年．
　　　2　日本の 2011 年の企業の投資は約 1100 億ドル．対 GDP 比は 2.6%．
(資料)　総務省「科学技術研究調査」

民間設備投資の経済規模に対する比率（対ＧＤＰ比）をみますと、近年の日本はおよそ一四％です。対してアメリカは一〇％です。ヨーロッパ諸国との比較は、統計の制約もあってむずかしいのですが、総固定資本形成（民間企業の設備投資＋民間住宅投資＋公共投資）の対ＧＤＰ比の数字を見ますと、日本の二一％に対し、イギリス一四％、ドイツ一八％といった状況です（各国、国民所得統計）。日本の民間企業設備投資の水準が高いことは明らかです。

次に、研究開発投資について見ますと、二〇一一年の日本の研究開発費（企業、大学、公的機関合算）は、アメリカに次いで多く、対ＧＤＰで見るとアメリカを大きく上回っています（**表３－１**）。日本の投資額中の企業投資の比率はおよそ七〇％で、企業投資だけを見ますとその対ＧＤＰ比は、二・六％です。これは、まちがいなく世界一、二の水準です。

このように、民間企業の設備投資、研究開発投資ともに、先進国比較で見るときわめて高水準です。特に問題がある状況とは見えません。

もちろん、近年、日本の民間企業の設備投資と研究開発投資が落ち込んできているということはあります。先に研究開発投資について見ますと、二〇〇七年度までは増加基調にありましたが、リーマン・ショック後に落ち込みました。〇七年度に一四兆円であったのが、一一年度は一二兆円です。

次に、設備投資について見ますと、長期停滞の始まる前年、一九九七年は七八兆円でした（国民所得統計）。それが、安倍内閣発足の前年、二〇一二年には六五兆円に、この間、一三兆円、一〇％強落ち込んでいます。一方でＧＤＰの方も五二三兆円から四七四兆円へと、四九兆円、一〇％弱の落ち込みです。

これが事実ですが、どうやら安倍首相は、この両者の落ち込みの関係を、民間投資が落ち込んだから、ＧＤＰも落ち込んだ（日本経済が長期停滞に陥った）と解釈しているようです。そこで、アベノミクスの「第三の矢：民間投資を喚起する」という政策を登場させ、その実現のためには「世界で一番企業が活動しやすい国」の実現が必要と考えたのだと思われます。

しかし、実際の因果関係は逆で、投資が落ち込んだからＧＤＰが落ち込んだのではなく、ＧＤＰが落ち込んだから投資が落ち込んだと見るのが正解ではないでしょうか（**コラム3**参照）。

もう一つ押さえておきたい事実があります。企業利益の動きについてです。

長期停滞の始まる前年、一九九七年度の日本の企業（金融・保険業を除いた全営利法人）の経常収益は二八兆円でした。それが、その後の上下はありますが、二〇一二年度には四九兆円に増えています。九七年度に比べ二一兆円、七〇％強の増加です。この間の税引き後の純利益や内部留保の動きも同様です（**図3―1**）。

図 3-1 企業の利益は 1997 年比大きく増えている

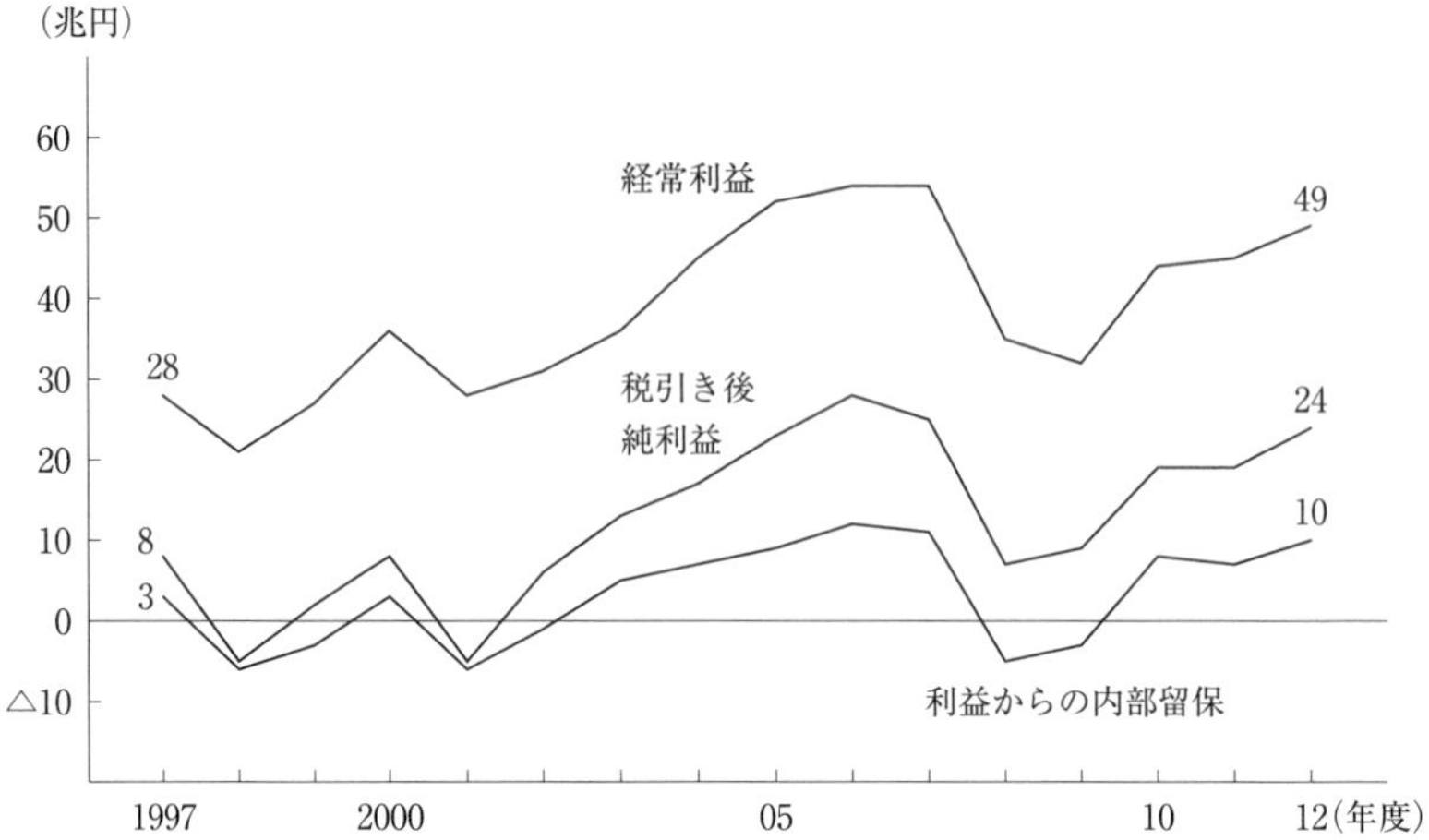

(注) 1 金融・保険を除く全法人企業.
2 内部留保は，図に見る利益からの内部留保の他に，引当金の積み増し等がある．両者をあわせた 2012 年度の総額は 26 兆円.
(資料) 財務省「法人企業統計年報」

つまり、長期停滞の下でも企業の利益や内部留保は著しく増えており、それにもかかわらず設備投資は落ち込んでいるのです。逆に言いますと、ＧＤＰが落ち込んでいる状況下では、企業の利益や内部留保が増えても設備投資は増えませんでした。その一でまとめた安倍首相の考えは間違っており、「世界で一番企業が活動しやすい国」をつくり出して企業の稼ぎや税引き後の純利益を増やしても投資は増えず、日本経済は成長しないということなのです。

同時に、ここで見た利益の動きから、その二の「企業収益増→国民生活の改善」という考え方も間違っていることがわかります。一九九七年度に比べ、二〇一二年度の企業の経常利益は一・七倍に増えました(図3－1)。しかし、雇用者報酬はおよそ一〇％減り(一三ページの図1－3)、一人当た

図 3-2　企業収益が増えても賃金は下がり，正規雇用者は減少した

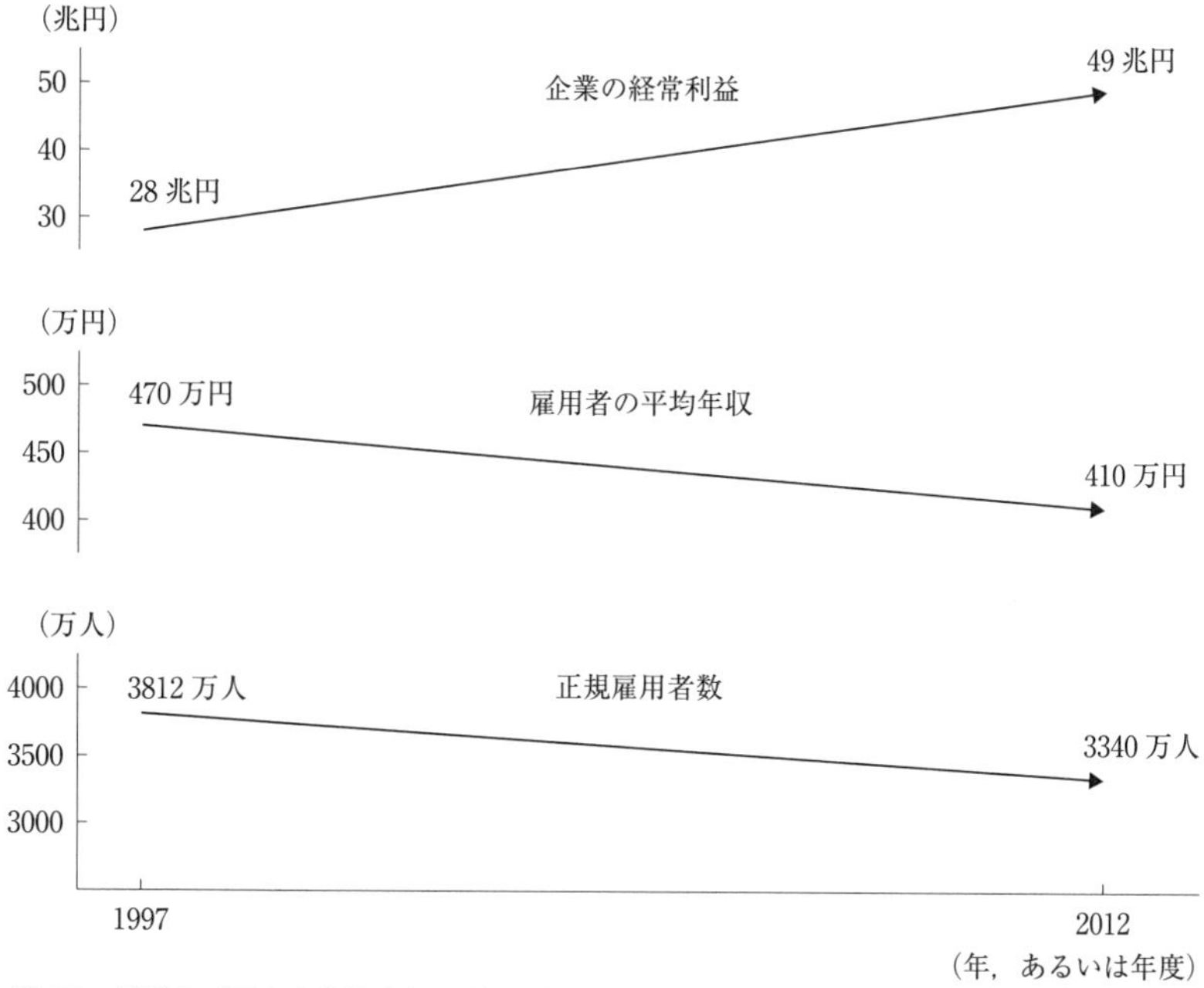

（資料）　財務省「法人企業統計」，国税庁「民間給与実態統計調査」，総務省「労働力調査」

りの賃金も一〇％以上減った（一五ページの図1－4）からです。「企業の収益を向上させて、そして雇用や賃金の拡大につなげていきたい」という安倍首相の期待は、空しい期待に終わる可能性が大きいでしょう。

　再度、確認のために、一九九七年（度）から二〇一二年（度）にかけての企業収益、賃金、雇用の動きを一つの図にまとめておきましょう（**図3－2**）。この間に起こったことは、①企業は儲かるようになりましたが、②働く人の賃金は下がり、③同時に、正規雇用者は減少した、ということです。

　これは、見方を変えれば、②③を企業が実施した結果として①が実現した、ということでもあります。そうだとすれば、たとえ①が実現し、企業の収益が増えたとしても、その収益をもとに賃上げをし、雇用を改善しようとすれば、企業の立場から見ると元の黙阿弥《もくあみ》です。そんなことが起こる道理がありません。

一九九七年以降、賃金コストを下げて企業収益の改善を図るという「構造改革」の下で、日本経済に起こったのは、このようなことだったのです。そして今、安倍首相が「成長戦略」の名の下で実施しようとしている政策も、その大きな柱の一つは労働の規制緩和であり、それによって賃金コストをさらに下げようとする政策です。この政策は、「構造改革」政策の焼き直し、もしくは復活、あるいは一段と強化しての実施と言えるでしょう。したがって、「構造改革」の下で起こったことがこれからも起こることが予想されます。すなわち企業収益の向上が賃金の拡大などにつながる可能性はきわめて低い、ということです。

その二でまとめた、安倍首相の考えもまた間違っており、「世界で一番企業が活動しやすい国」をつくり出しても、人々の暮らしはよくならないということです。

●●●●●●●●●●●●●●●●●●

【コラム3】　民間企業の設備投資を決めるもの

企業が設備投資を行うかどうか、それを決める主な要因としては、以下の四つが考えられます。

①需要と供給能力の関係　設備投資を行う必要があるかどうかです。需要が落ち込んで生産能力が過剰になっている（製造業であれば稼働率が下がっている。非製造業であればオフィスが空いており、営業所の売り上げが減って採算がとりにくくなっている）などの場合、設備投資は手控えるということになります。

②需要の伸びが低いと予想される場合　①の状況であっても、遠からず需要が増え、何年か先には供給能力が不足すると予想される場合、企業は設備投資を行うことを決断します。設備投資は着手して完成するまでに、多くの場合、かなりの時間がかかります。実際に供給能力が不足してから投資をしていたのでは間に合わないからです。

③資金があるかどうか、特に安い資金が調達できるかどうか　新しい工場を建設するなどといった大型の設備投資にはお金がかかります。そして、かけたお金を回収するには、設備が完成して動き出し、生産物が売れ、利益が生まれてからなので、時間がかかります。十分なお金が必要であり、その第一は利益（正確には税金を払ったあとの内部留保）、年々の減価償却で生まれた資金、それに借入金です。借入金の場合、借り入れがしやすい環境かどうか、金利はどうかなどが問題になります。

④国内で設備投資を行うか、海外で行うか、その得失の判断

現実の日本経済についてみますと、現在設備投資が落ち込んでいるのは、何よりも①需要が落ち込んで供給能力が過剰となっており、そして、②先行きを見通してもあまり需要の増加が期待できず（このところの成長率が低い）ためである、加えて④海外の方が需要が伸びている、あるいは生産コストが安いなどといったことがあり、海外で投資した方が利益があがる、ことによるものではないかと思われます。

言い換えますと、③の要因が設備投資を落ち込ませているわけではない（利益はかなり上がっており内部留保も増えています。また金融は十分に緩和されていてお金は借りやすい状況ですし、金利も安くなっています）と思われます。

ところが、アベノミクスが対策を講じようとしているのは主として③です（「第一の矢」で金融をさらに緩和し、「第三の矢」で企業がもっと儲かるようにし、減税もして企業の内部留保も増やすようにする）。これでは設備投資は増えないでしょう。

●●●●●●●●●●●

企業減税の効果とその代償

アベノミクスの「第三の矢」についての総論は、いま見たようなことですが、そこに含まれる個々の政策をどう評価したらいいでしょうか。日本経済と暮らしへの影響という視点から、その主な政策の幾つかについて見ていきましょう。

第一に、法人税率の引き下げについてです。

まず、引き下げの根拠について、いくつかの疑問があります。

一つは、「再興戦略」に「法人実効税率を国際的に遜色のない水準に引き下げる」「二〇％台まで引き下げる」とありますが、「国際的に遜色のない水準」とは何でしょうか。それがなぜ「二〇％台」なのでしょうか。日本の法人実効税率は、目下のところ約三五％です。対してアメリカは約四一％、フランス、ドイツは三〇％近傍です（**図3―3**）。日本の実効税率はアメリカとフランス、ドイツなどヨーロッパ主要国との中間にあって、先進国の平均的な水準にあると見てよいでしょう。すでに「国際的に遜色のない水準」にあると言っていいのです。これが事実ですから、それを下げるというのであれば、「国際的」にではなく、「中国、韓国などアジア諸国並みに」引き下げると言うべきでしょう。そうすると、なぜそこまで下げなければならないのか、という疑問が出てきます。引き下げる根拠が不明です。

二つは、ヨーロッパ諸国を引き合いに出すのであれば、企業の社会保険料負担も合わせて考えるべきではないかということです。ヨーロッパ諸国の企業は、税の負担率こそ日本より低目ですが、社会保険料の負担を合わせれば、日本より負担率が高いという調査結果があります(**図3―4**)。日本企業の税負担率を下げるのなら、同時に、社会保険料の負担率を上げて「国際的に(ヨーロッパ諸国並みに)遜色のない」水準にするべきでしょう。

三つは、日本には、研究開発投資減税その他の減税措置があり、これを利用できる日本の大企業の税負担率は、実効税率約三五%よりはるかに低くなっているということもあります。表面税率を下げるなら、多くの特例措置を廃止するのが筋というものでしょう。

図3-3　アメリカより低く，ヨーロッパ主要国よりは高い日本の法人実効税率

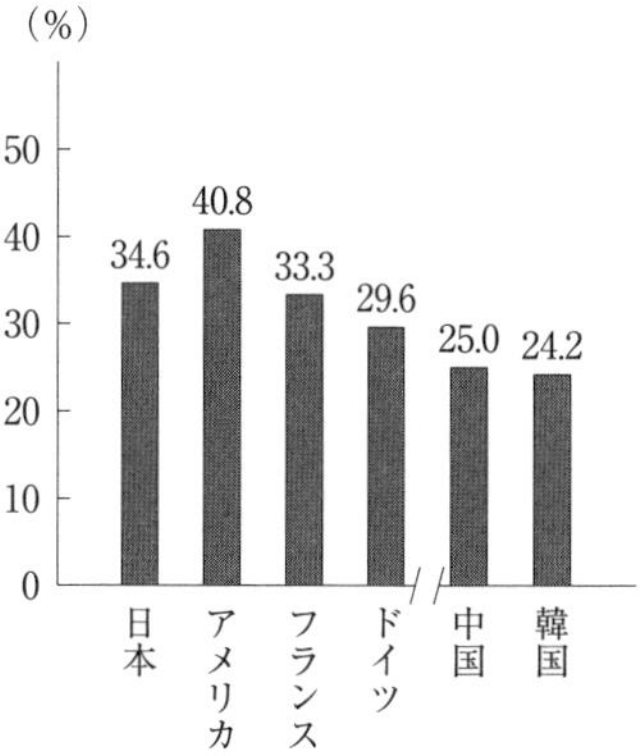

(注)　1　実効税率とは法人税＋地方税の企業収益に対する比率. 2014年度.
　　　2　アメリカはカリフォルニア州.
(資料)　財務省ホームページ

次に、引き下げの効果についても疑問があります。

一つは、法人税率の引き下げの結果として生まれてくる企業の余剰資金の増加が、投資の増加にはほとんどつながらないであろうことです。また、賃金の引き上げや雇用の改善を約束するものでないことです(これらのことは先

図 3-4　日本企業の社会的負担はヨーロッパ企業よりも軽い

税・社会保険料負担率の国際比較

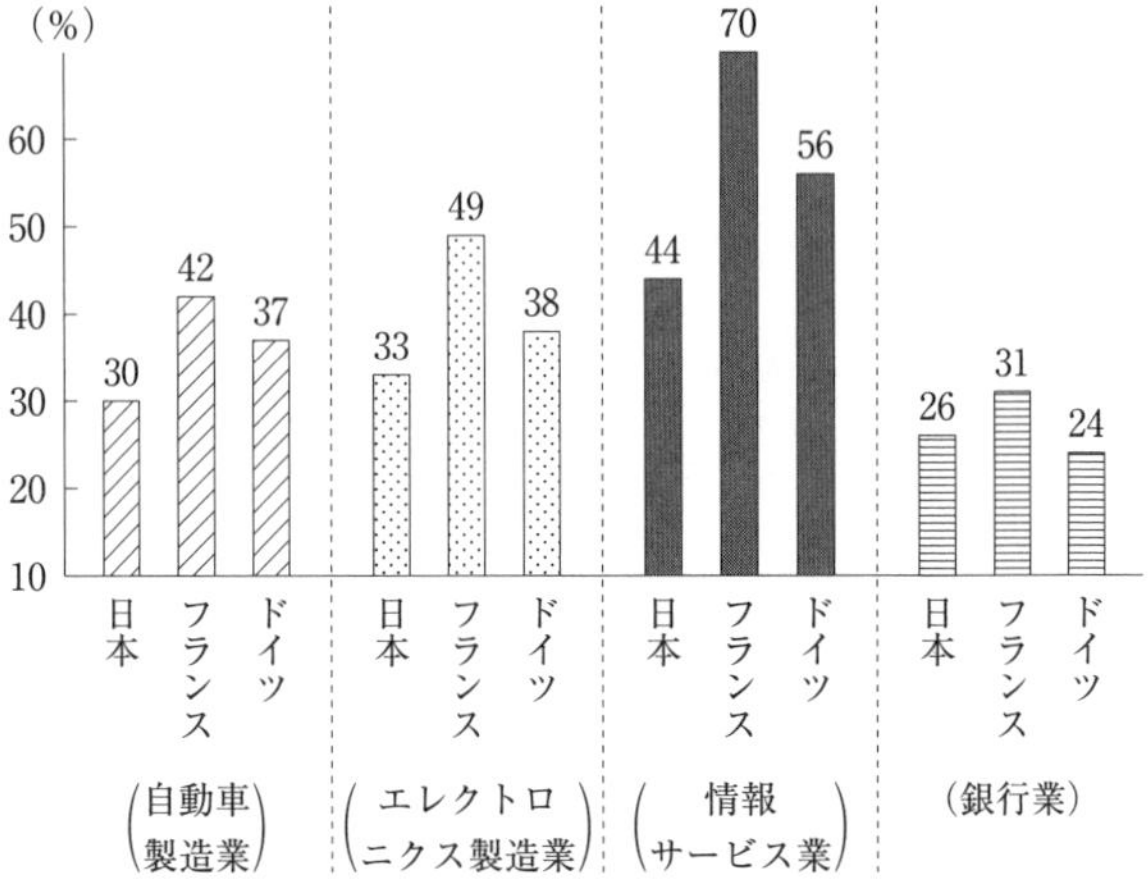

(注)　税と社会保険料の両負担控除前の利益に対する比率.
(資料)　財務省「平成 22 年度税制改正大綱・参考資料」

に見ました)。

二つは、「法人税改革の目的」として、「日本の立地競争力の強化」と「我が国企業の競争力を高めること」の二つが挙げられていますが、その効果も疑わしいということです。まず、「立地競争力の強化」は、税負担の軽さが海外からの投資を呼び寄せると見てのことでしょうが、日本企業の例を見ますと、海外に投資するかどうかを決める理由の第一は進出先国の経済の成長性に関わる事項が圧倒的に多く、次いでその国での生産コスト(良質で安価な労働力が確保できる)となっていて(**図3－5**)、税の重い軽いは重要な決定ポイントとはなっていません。まず儲かるかどうかが大切であり、儲けにかかる税の多寡は二の次になっているということで、これは企業行動として当たり前のことでしょう。日本に進出する企業にとってもことは同じだと思われます。

また、「我が国企業の競争力強化」とは、減税した資金が企業の設備投資や研究開発投資に向けられ、それによって日本企業の国際競争力が高まるとの論理のようですが、すでに十二分に余剰資金を抱えている企業がそういう行動を取ることは期待できず、減税で増えた手元資金は、そのまま余剰資金となって企業に蓄えられるだけ、と考えるべきでしょう。

このように、法人税減税は根拠に乏しく効果も期待できないものですが、その代償は、中小企業や多くの人々にとって高くつくものです。法人税減税で減少する財源の手当てとして、当面は外形標準課税（収益ではなく、資本金や賃金支払い総額などを対象にかけられる税）の課税対象企業の拡大（資本金一億円以下の企業にも）が検討されています。先行きは消費税率のさらなる引き上げ（二〇一五年秋に一〇％に。その後さらに……）につながります（**コラム4**参照）。加えて、社会保障関係費の削減もすでに始められています。

図3-5　海外投資を決めるのは儲かるかどうか

投資決定のポイントの上位4項目

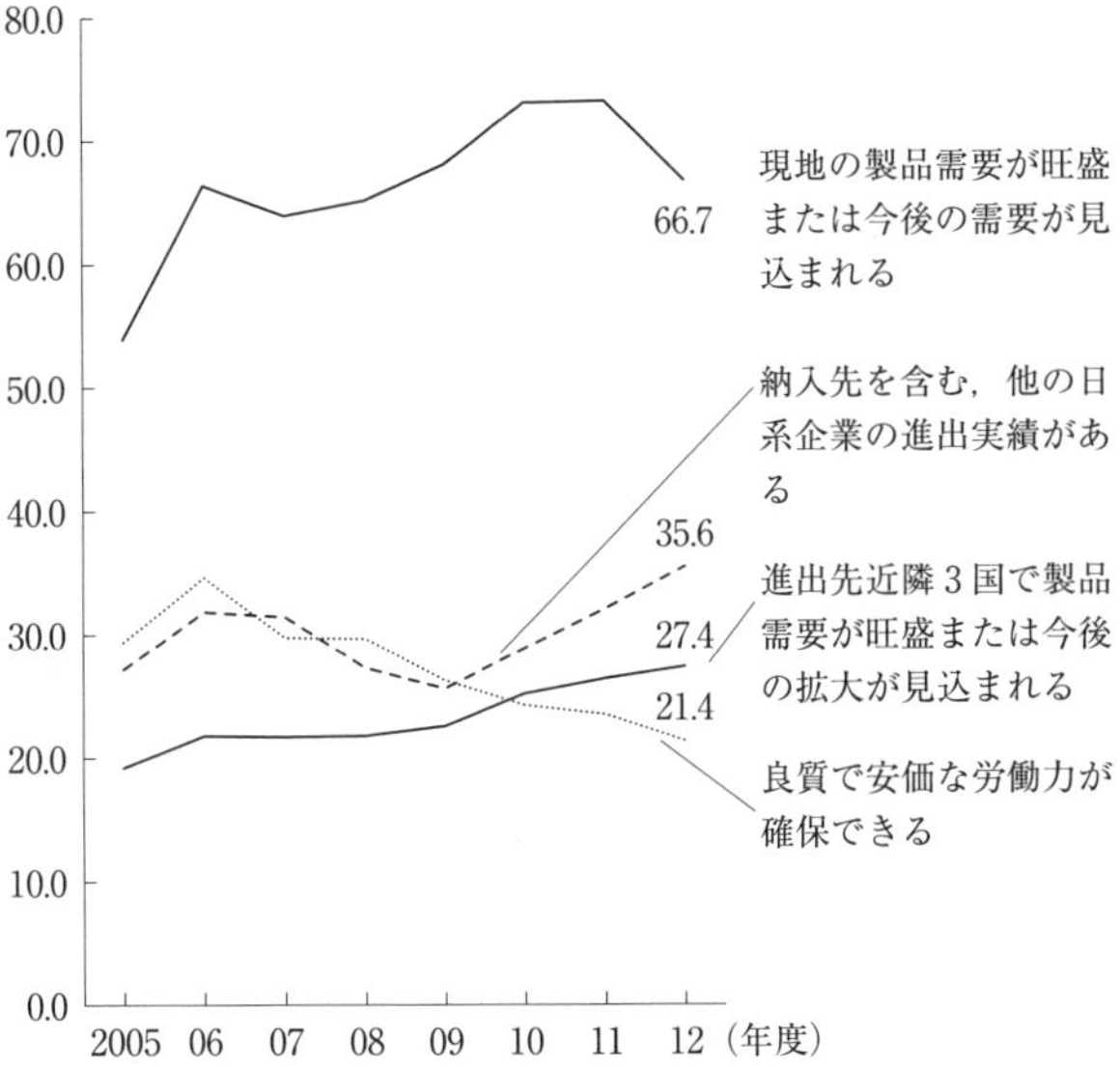

（資料）　経済産業省「海外事業活動基本調査」(2013年7月)

【コラム4】 異常に高まる消費税負担

日本の税収(特に国の税収)構造は異常なものになっています。不公平税制の代表とも言うべき消費税収が一番の税収となっているのです。

国の、二〇一四年度一般会計予算の税収見込みをみますと、消費税収一五兆三九三〇億円、所得税収一四兆七九〇〇億円、法人税収一〇兆一八〇億円と、消費税収が所得税収、法人税収を抜いて第一の税収となっています。

税に関して最も大切な原則は「負担能力に応じた負担」です。所得税には、基本的にはこの原則が貫かれています(利子、配当所得に対する税率が一律二〇%とされているなど——所得税の最高税率は四五%です——不公平なところはありますが)。ところが、消費税は、所得の少ない人ほど負担が重く(収入に対する税負担の比率が高い)、多い人ほど負担が軽いという不公平税制です。

もともと憲法(第一四条「法の下の平等」や第二五条「生存権」)違反の疑いさえある税ですが、その税収が国の税収の一位になるとはどう見ても異常です。

しかも問題は、それだけにとどまりません。消費税率の五%から八%への引き上げが実施されたのは二〇一四年四月からであり、一四年度予算には税率引き上げによる税収増加分の八~九割分しか反映されていないのです。そして、一五年一〇月からは、さらに一〇%への税率引き上げが予定されています。一五年度、一六年度と、消費税収の比重はまだまだ高まっていきます。

さらに先があります。日本経団連(日本経済団体連合会)は「消費税率を二〇二〇年代の半ばまでに一〇%台後半に引き上げるべき」と主張しています(「国民生活の安心基盤の確立に向けた提言」二〇一一年三月)。一〇%までの引き上げも、日本経団連の「提言」を受けてのものでした。政府がこの「提言」に沿った消費税率引き上げの方針を打ち出してくることは必至とみられます。

一方で法人減税です。約三五％の実効税率を二〇％台へとする計画が動き出しています。このままでは、消費税収の比重はますます高まり、法人税収の比重は一段と低くなると予想されます。

少し角度を変えてみましょう。所得税と消費税を家計が負担する税とみなし、法人税を企業が負担する税とみなして、それぞれの税の、それぞれの所得に対する比率の推移を見てみるのです。

そうすると次の結果を得ます（**表a**、**b**）。

資料の関係で年度のズレがありますが、大づかみに言いますと、近年においては、消費税増税前の一九九六年度に比べ、所得が減っている家計の税負担は重くなり、所得が増えている企業の負担は軽くなっているのです。そして、アベノミクスのもと、この傾向はますます強まるだろうと考えられます。

日本の税制は、公平の観点に立ったうえで、基本的な見直しが必要です。

表a　税収の変化

	A 1996年度 （決算）	B 2014年度 （予算）	A＝100としてのB
所得税と消費税の税収	25.1兆円	30.1兆円	120
法人税の税収	14.5兆円	10.0兆円	69

表b　所得の変化

	A 1996年度	B 2012年度	A＝100としてのB
家計の所得	307.9兆円	267.5兆円	87
企業の所得	41.3兆円	45.9兆円	110

（注）1　税収は国の一般会計税収.
　　　2　所得は「国民経済計算」による.

「安倍ドリル」で破壊される人々の暮らし

第二に、規制緩和について見ます。安倍首相は、しきりに「岩盤のような規制」を「私のドリル」で打ち砕く、と発言しています。「岩盤のような規制」とは、すなわち、「労働者が人たるに値する生活を営むための必要を充たす」ための労働条件、その「最低の基準」を定めた労働基準法などの労働関係法による規制のことです。また、日本の社会保障の基幹の一つである国民皆保険制度を守り、さらに発展させるための規制のことでもあります。人々の生活の安全、安心を守るための食品衛生に関する規制や医薬品の製造・販売に関する規制などであり、良好な住環境を守るための建築・都市計画関連の規制などでもあります。

こうした人々の暮らしを守る規制を「岩盤規制」(これまでどうしても壊せなかった規制)と呼び、これを自ら「ドリル」を振るって打ち壊すと宣言しているのが、「第三の矢」の中でも特別の矢ともいうべき「規制緩和の矢」です。

労働関係の規制緩和の案については先に見ました。要するに、企業が、何の制約もなく、企業の思うがままに(安い賃金で、長時間)人を働かせることができるように、そして不要になったら自由に(時に、若干の金銭を添えることによって)首を切ることができるようにと、そういう方向に向けての規制緩和を行うということです。法にはずれた行為を行っているブラック企業をブラックでない合法企業にする政策であり、法による規制の枠をそこまで広げていこうとする政策といってもいいでしょう。

憲法番外地としての「国家戦略特区」

こうした規制緩和を――何しろ「岩盤規制」と呼ぶほどに壊すのに手間取る規制ですからその手間を省き――区域を限ってではありますが、一挙に実施しようとしているのが「国家戦略特区」です。

実は、安倍内閣の発足時には「国家戦略特区」の構想はありませんでした。二〇一三年一月の「緊急経済対策」では「国家戦略特区」についての記述はまったくなく、代わりに「国際戦略総合特区を通じた国際競争力強化策の推進」という文言があるだけです。「国際戦略特区」とは、民主党政権下の「新成長戦略」の下で二〇一一年以来設置されてきた「総合特区」の一つです（「特区」については、それ以前からの小泉政権による「構造改革特区」というのもあります）。

ところが、間もなく安倍首相は「国家戦略特区」の設置へと方向転換します。そのきっかけをつくったのは、「再興戦略」の策定を行っていた「産業競争力会議」（首相を議長とし、財界人を主力メンバーとする会議）の議員であった竹中平蔵氏です（大学教授の肩書きでメンバーになっていますが、大手人材派遣会社パソナの取締役会長でもあります）。産業競争力会議の第六回会合（二〇一三年四月）で、竹中氏が「アベノミクス戦略特区（仮称）」の設置を提言したのです。そして、以降その提言に沿ってことはトントン拍子に運び、法の制定、特区の指定へと進んできました。

「国家戦略特区」は、それまでの「国際戦略特区」などとは次のような違いがあります。①それまでは、地方が申請して国が認めるという形で成立していた特区を、首相の主導で、すなわち国の意思で決めることにした。②結果として、規制緩和や税制上の優遇措置が、これまでよりはるかに強力に迅速に進められることになった。③「特区」を足掛かりに、そこでの規制緩和などを全国的に広げていこうとするものとして位置づけられている、などです。

はたして「特区」で、どこまでの規制緩和が行われるか、その細目はこれから詰められることになりますが、そもそも規制緩和自体が先に見たように、暮らしを破壊するものです。その破壊がまず「特区」から始まると見ておかなければなりません。

「特区」の効果については、日本全土に先駆けて「世界で一番企業が活動しやすい国」を実現させるということで、安倍首相は海外からの企業の進出や投資の増加を期待しているようです。そしてそれをテコに日本経済の成長力が高まることを期待しているようですが、どうでしょうか。話の順序が逆のような気がします。企業進出や投資が盛んになって経済が成長するよりも、成長する経済があって初めて、企業進出や投資も盛んになる、と思われるからです。

ただし、国内企業にあっては、その他は同じ状況の下で、「特区」だけが規制が緩かったり、税制その他の面での優遇措置も受けられるということになるわけですから、「特区」に本社や工場などを移すなどということが起こるかもしれません。そしてそうだとすれば、「特区」制度は首都圏などへの企業、人口の集中にさらに拍車をかけ、国土の不均衡をさらに拡大するものになってしまうことになります。

なお、「特区」については、憲法第九五条に次の規定があることを心しておくべきでしょう。

「一《ひとつ》の地方公共団体のみに適用される特別法は、法律の定めるところにより、その地方公共団体の住民の投票においてその過半数の同意を得なければ、国会は、これを制定することができない」

「特区」だけに適用するような法を、その地域の住民の同意なくしては勝手につくってはいけないという規定ですが、法の趣旨からしますと、立法によるだけではなく、その他の規制などについても、その地域の住民の同意なくしては勝手な規制（緩和）をしてはいけない、と読めます。

「第三の矢」は暮らしには「毒の矢」

こうして見てきますと、企業減税の代償として消費税はさらに増税され、社会保障予算はさらに削減される、規制緩和により労働現場は一段と厳しくなり、雇用はさらに不安定化する――「第三の矢：民間投資を喚起する成長戦略」の影響を暮らしの視点からみますと、きわめて厳しいものと言わざるをえません。

それで、日本経済全体はどうなるでしょうか。第1章で見たことを思い起こしますと、先行きがある程度予想できます。一層の労働の規制緩和により働く人の賃金（企業にとってのコスト）はさらに下がるでしょう。そうすると需要はさらに落ち込み、日本経済は停滞から脱出できない。それどころか、落ち込みは一段と深まり、停滞はさらに長引く――。

「世界で一番企業が活動しやすい国」化のツケは、こうして人々の暮らしに、そして日本経済全般にかかってくる、ということです。

第4章　日本経済と暮らしのゆくえを問う
――アベノミクスと逆発想の政策へ

前章までで、アベノミクスとは何か、日本経済と人々の暮らしへの影響はどんなものかを、「第一の矢」「第二の矢」「第三の矢」のそれぞれについて見てきました。最終章である本章では、最初に、足元の日本経済と暮らしの状況を見ます。次に、先行きを予想し、望ましい未来をつくり出すためにはどうしたらいいかを考えることにします。

アベノミクスとは無関係に始まった景気回復

日本経済の現況はどうでしょうか。景気は回復しており、デフレからの脱却も進んでいる、アベノミクスの成果だ――そのように安倍内閣は自画自賛しています。二〇一四年六月に閣議決定した「経済財政運営と改革の基本方針二〇一四」（以下「基本方針二〇一四」）を見てみましょう。

そこには「実質GDPは六期連続のプラス成長となった」「新規求人倍率が約七年ぶりに一・六倍台に達し」た、「物価状況も、もはやデフレ状況ではなく、デフレ脱却に向けて着実に前進している」「本年の春闘では……賃金の引き上げ率が二％台と……賃上げの動きが力強く広がっている」などの記述があります。すべてがアベノミクスの成果であると言わんばかりです。本当にそうでしょうか。統計をもとに「事実」を見ていきましょう。

第一に、景気についてです。

景気が良くなりつつあることは事実です。しかしそれをアベノミクスの成果と言うのは言い過ぎです。内閣府の景気基準日付によりますと、最近の景気の谷（景気がもっとも悪かった月）は二〇一二年一一月とされています。景気は一二年一二月から、すなわち、安倍内閣の発足前から、と言うことは、アベノミクスの開始前から良くなり始めているのです。

もう少し詳しく見ましょう。大震災の後の景気回復は二〇一二年四月（景気の山）で一度途切れました。以降一二年一一月まで、短い間ですが日本経済は景気後退期に入りました。その後退が終わったのが一二年一一月です。この景気後退とその終了をもたらしたのは輸出の動きと見られます（**図4―1**）。一二年春、輸出が落ち込むことによって景気が落ち込んだ（成長率がマイナスになった）、その輸出の落ち込みが止まり、増加に転じたことによって景気が再び回復に向かい始めた（成長率がプラスになった）、というわけです。

安倍首相は、そして安倍内閣は幸運に恵まれていた、と言うべきでしょうか。アベノミクスと関係のないところで始まった景気の回復をアベノミクスの成果とうまく言いくるめることのできるタイミングで景気の回復が始まったわけです。

ちなみに、「基本方針二〇一四」は「六期連続のプラス成長」と言っていますが、そのうち最初の一期（二〇一二年一〇～一二月期）は野田内閣の下で生じたプラス成長（ただし〇・〇二％のプラス成長）でした。また、二〇一四年一～三月期のプラス成長は、四月からの消費税増税を前にしての駆け込み需要があってのプラス成長です。これがなければ、（図4―1に見る通り）ＧＤＰの成長

図 4-1　景気回復は，アベノミクス以前から始まっている

実質 GDP と内外需要の前期比変化率

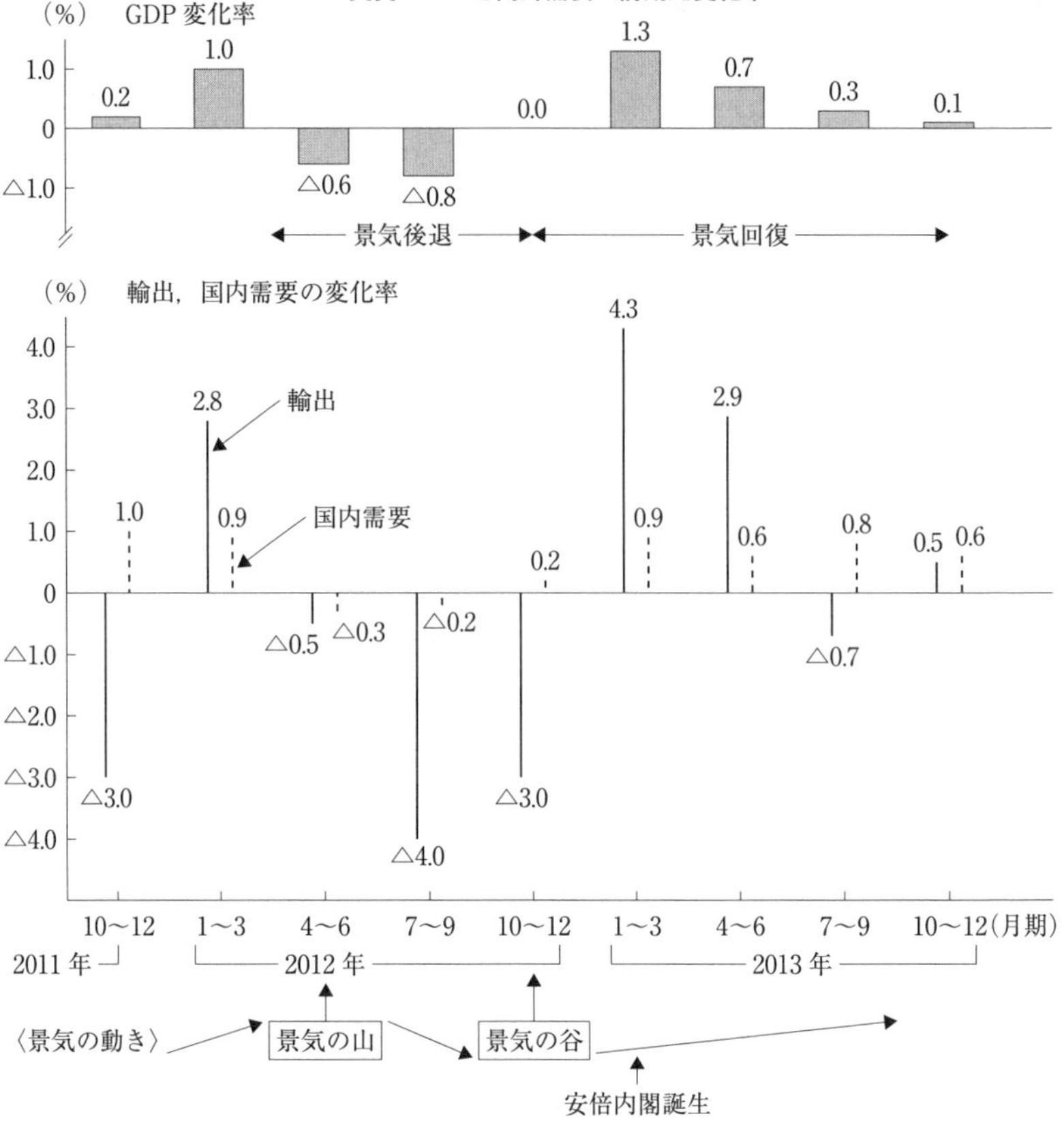

(注)　成長率などは 2014 年 1〜3 月期第 2 次速報による.

(資料)　内閣府「国民経済計算」

率は一三年の始めから終わりにかけて次第に減速してきていますから、一四年一～三月期にはマイナス成長になっていた可能性が大です。

四半期ごとの動きではなく、年をまとめての統計を見ましょう。

二〇一三年の実質GDP成長率は一・五％でした。これが安倍政権下の一年の成果です。民主党政権下の一二年の成長率は一・四％でした。それに比べわずか〇・一％、成長率が上がったに過ぎません（**表4―1**）。ちなみに、日本経済の長期停滞が始まった前年、一九九七年以降の成長率の推移を見ますと（**図4―2**）、成長率が一・五％を上回った年が何度かあります。それでも日本経済は長期停滞から脱することができなかったわけです。楽観するのは早過ぎます。二〇一四年以降も一三年を上回る成長を続けられるかどうか――まだ、アベノミクスの成果を云々できる段階ではありません。

もう一つ、指摘しておかなければなりません。すでに第2章で見ましたが、二〇一三年の景気回復における公共投資の寄与度の大きさについてです。一三年の成長率一・五％に対する公共投資の寄与は〇・五％（三八ページの図2―5）です。一二

表4-1　アベノミクス下の1年（2013年）を前年（2012年）と比べてみる

〈景気〉	
実質経済成長率	1.4％→1.5％
同（公共投資を除く）	1.3％→1.0％
〈雇用・年平均〉	
正社員の増減数	△12万人→△38万人
非正社員数の増減数	2万人→93万人
非正社員の比率の上昇幅	0.1％→1.4％
〈物価・年平均〉	
消費者物価上昇率	0.0％→0.4％
輸入物価上昇率（円ベース）	△0.3％→14.5％
〈サラリーマン世帯〉	
可処分所得の増加率	1.1％→0.3％
同・実質	1.1％→△0.2％

（資料）　内閣府「国民経済計算」ほか

図4-2　1.5％成長ではまだまだ
長期停滞期日本の実質GDP成長率

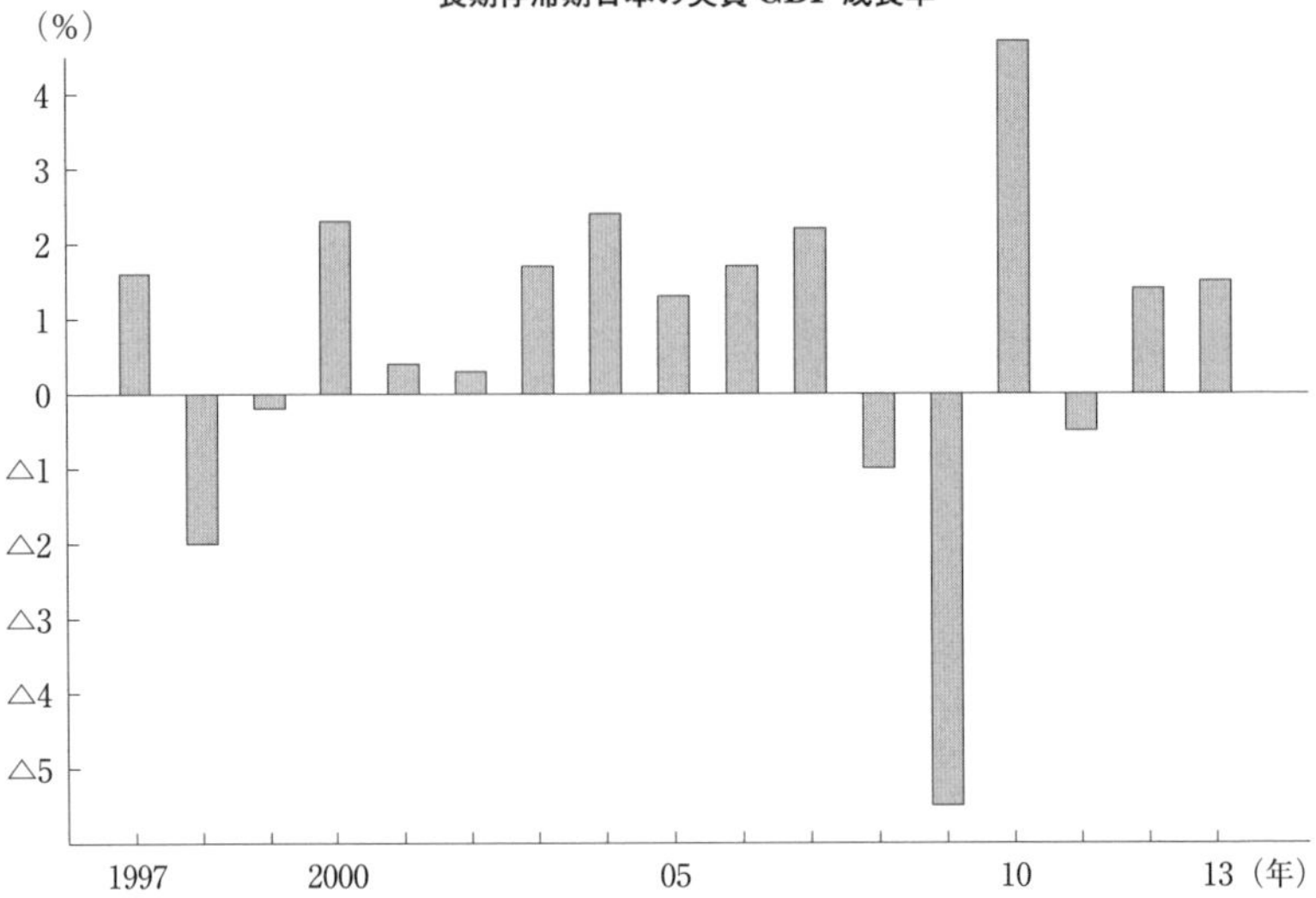

（資料）　内閣府「国民経済計算」

年は成長率一・四％に対して〇・一％の寄与でした（図2－5）。公共投資を除くと、成長率は一二年から一三年にかけて一・三％から一・〇％に下がったわけです（表4－1）。その分、アベノミクスの「第二の矢」の効果が大きかったということですが、同時に、景気の回復力はまだまだ弱いということでもあります。

悪化している雇用環境

第二に、雇用についてです。

「基本方針二〇一四」の「新規求人倍率が一・六倍台」というのは事実ですが、見かけの良い数字だけを取り上げている感が否めません。厚生労働省職業安定局で取りまとめている数字には新規求人倍率（その月に申し込みのあった求人数の、同じくその月に申し込みのあった求職者数に対する倍率）と有効求人倍率(前月から持ち越していて、月が変わっても有効である求人数を加えての、同じく求職者数に対する倍率)の二つがあります。就職が困難かどうか、そのことを見るのに参考となるのは有効求人倍率の方ですから、通常はこちらの方を見ます。

そこで、二〇一四年六月の統計を見ますと、有効求人数は二二四万人、求職者数は二一一万人、求人倍率は一・〇一倍と発表されています。新規求人倍率よりはるかに低い倍率です。それでも、倍率ほぼ一ということは、求人側、求職者側が選り好みしなければ全員就職できるという数字ですが、そうはいきません。実際に就職した人は一八万人という結果になっています。

求人側、求職者側、それぞれに事情があるのでしょうが、近年は求人側に問題が多く、提示している労働条件が厳しすぎたり、処遇が悪すぎたり、といった点に原因の多くがあるのではないかと思われます。ちなみに正社員だけについて見ますと、二〇一四年六月の有効求人数は九四万人に止まっており、有効求人倍率も〇・六三倍です。はるかに求職者の方が多いという状況なのです。

新規求人倍率が高くなったと手放しで評価してよいとは思えません。

実際の雇用はどうなっているのでしょう。

二〇一三年の雇用統計を見ますと、年平均の雇用者数(役員を除く)は五二一〇万人で、前年比五六万人の増加でした(総務省「労働力調査」)。先に見た景気の回復を反映したものと思われます。

しかし、雇用者数は増えているのですが、その内訳を見ますと、正社員は三三〇二万人で、前年比三八万人減、非正社員は一九〇六万人で九三万人増となっています(六五ページの表4—1)。

正社員は減り続けており、増えているのは非正社員だけということです。非正社員の比率は三六・六%と、前年の三五・二%から一・四%高まりました。非正社員比率の一二年の高まり方は〇・一%（二〇一一年三五・一%）でした（表4―1）から、安倍政権の下で非正社員化は一段と進んでいるのです。

なお、最新の統計を見ますと、二〇一四年六月の正社員は三三二四万人で前年同月比二万人減、非正社員は一九三六万人で三六万人増、非正社員の比率は三六・八%となっています。正社員の減少は止まりつつあるようですが、非正社員の比率の上昇は続いています。

物価が上昇すれば、それでよいのか

第三に、消費者物価の動きを見ましょう。

第2章でも触れましたが、二〇一三年（年平均）の消費者物価指数の前年比上昇率は〇・四%でした。一一年以前の数年間は毎年前年比下落で、一二年は上昇率〇%でした。一三年に様変わりしたのです（表4―1）。しかも、前年比上昇率は月を追って高まり、一三年一二月には一・六%台となっています。以降、一四年に入ってからは高止まりの状態で、消費税増税前の一四年三月の前年同月比上昇率も一・六%でした。増税後の六月について見ますと三・六%です。

こうした二〇一四年三月までの消費者物価の上昇は、電気・ガスなどの光熱費、自動車関係費（ガソリン代）、肉類・調味料・調理食品など食料費の値上がりが大きいこと、また財（前年比二・六%上昇、二〇一四年三月）の値上がりの方がサービス（〇・七%上昇、同）よりも大きいことからもうかがえるように、もっぱら円ベース輸入物価の上昇によるものです。

ちなみに、円ベース輸入物価の二〇一三年(平均)の前年比上昇率は一四・五%で、一二年の〇・三%の下落から様変わりしています(表4−1)。契約通貨ベース輸入物価の方は一三年、前年比一・七%の下落でした。消費者物価の上昇、そしてその背後にある円ベース輸入物価の上昇は、ひとえに、アベノミクスのもたらした円安の結果だということです。

このように見てきますと、物価上昇率は確かに高まっていますが、これをもって、「基本方針二〇一四」のように、「もはやデフレ状況ではなく、デフレ脱却に向けて着実に前進している」などと言えないことは明らかでしょう。安倍首相が言っているデフレ脱却とは、単に消費者物価が上がることではなく、需給関係が改善し、その結果として物価が上がり始めることを指すはずですから。

日本銀行が掲げている二%の物価上昇目標にしても同様です。原因が何であれ物価が二%上がれば目標達成ということではなく、「異次元の金融緩和」の下で、消費、投資などの需要が増え、結果として物価が二%上がるということを目指しているはずです。

現在生じている物価上昇は、そうした、望まれた物価上昇ではなく、生活費を上昇させて人々の暮らしを厳しくする、あるいは、製造コストや輸送コストを引き上げて国内産業の(とくに商品価格への転嫁が困難な中小企業の)経営を圧迫する、「望まれていない物価上昇」と言うべきです。

所得が減り、厳しくなっている暮らし

暮らしの状況についても見ておきましょう。

二〇一三年にサラリーマンの受け取った給与、賞与などの合計額は、月平均三一・四万円で二〇一三年と同額であり、伸び率は〇%でした(事業所規模五人以上。厚生労働省「毎月勤労統計調査」)。一二年が前年比〇・七%マイナスでしたから、前年に比べ少しはましでしたが、少しも良くならなかった、ということでもあります。

家計単位で見ますと、サラリーマン家計(二人以上世帯)の二〇一三年の可処分所得(収入から税金、社会保険料を引いた額)は前年比〇・三%増で、一二年の一・一%増よりも増え方が小さくなっています(表4—1、総務省「家計調査報告」)。そして、先に見ましたように、一三年は消費者物価が上がっていますから、それを調整した一三年の実質可処分所得は前年比マイナス〇・二%となります(表4—1)。アベノミクスの下、暮らしは良くならず、むしろ厳しくなったという現実をここに見ることができます。

二〇一四年に入ってからはもっと厳しい状況になっています。二〇一四年六月の実質可処分所得は前年六月に比べ八・〇%のマイナスになっているのです。ベースにある物価上昇率が高くなっていることに加え、消費税率の引き上げが実施されて、さらに物価が上がったからです。暮らしはますます厳しくなっているということです。

先行きはどうでしょうか。「基本方針二〇一四」は、二〇一四年の春闘賃上げ率が二%台に乗りそうなことを例にあげ、「賃上げの動きが力強く広がっている」としていますが、そう言える

図 4-3　春闘賃上げ率ほどには給料は上がらない

春闘賃上げ率と所定内給与増減率の推移

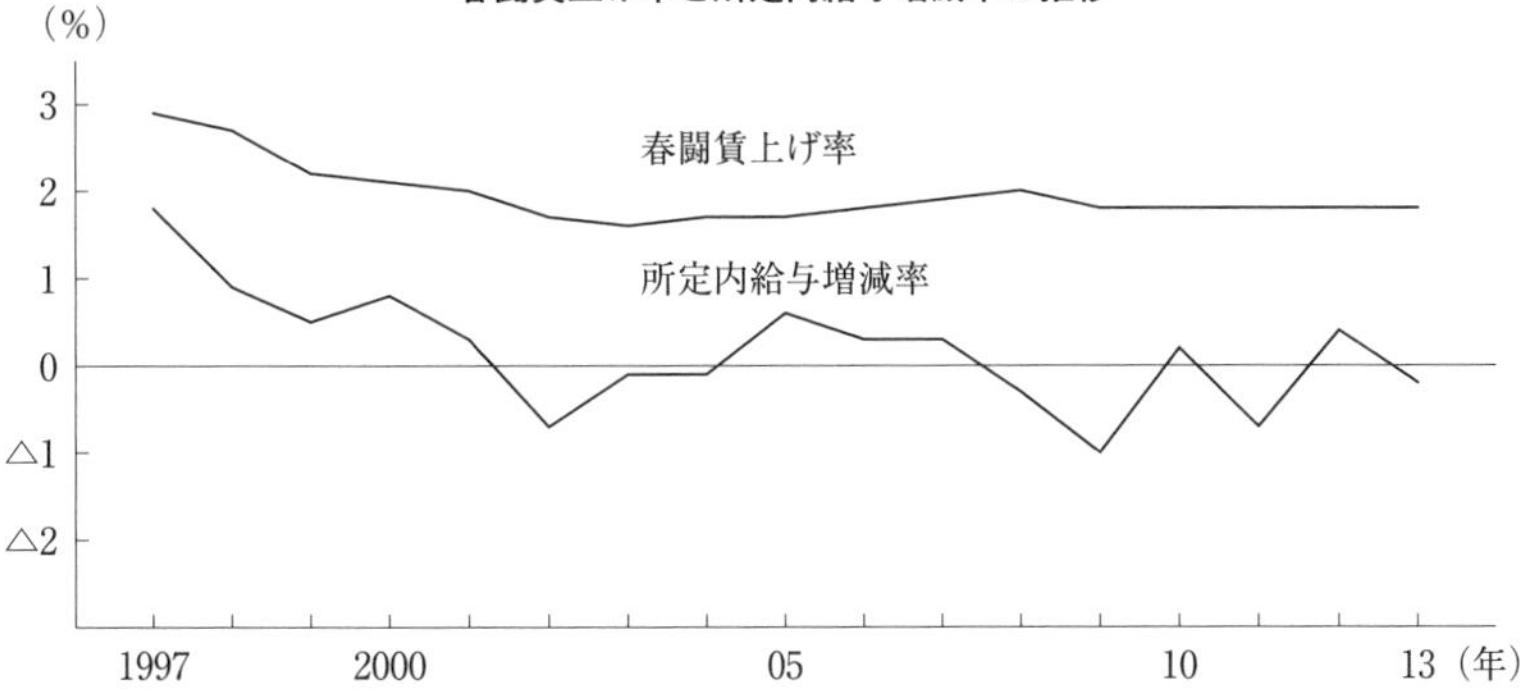

（注）　所定内給与増減率は規模 30 人以上，一般労働者の所定内給与の前年比増減率.
（資料）　厚生労働省「民間企業春季賃上げ要求・妥結状況」「毎月勤労統計」

のでしょうか。

春闘の賃上げ率二%台という数字は、資本金一〇億円以上、従業員一〇〇〇人以上という三〇〇社ほどを対象にした、厚生労働省の調査をもとにしたものです。そして、その「賃上げ率」の中には定期昇給分も含まれています。現実の賃金上昇率とは大きな開きがあります（図**4—3**）。図4—3をもとに、春闘賃上げ率が二%台に乗った場合、サラリーマン平均の所定内給与がいくら増えるかを試算してみますと、〇・二〜〇・三%から、せいぜい一%ということになります。一方で消費者物価の上昇率は、先に見た通り二〇一四年六月で三・六%となっています。円安の進行が止まっていますから円安による物価上昇幅は次第に小幅になっていくでしょうが、それでも今後、二%台半ばから三%近傍の消費者物価の上昇は覚悟しておかなければなりません（政府経済見通しによる二〇一四年度の消費者物価上昇率は三・二%です）。

物価が三%前後上昇する下で賃金の上昇はせいぜいのところ一%であり、これからの暮らしは確実に、ますます厳しくなっていきます。

止められない「第一の矢」と「第二の矢」

経済と暮らしの現状を見たところで、アベノミクスの今後について見ていきましょう。まず、「第一の矢」「第二の矢」について見ますと、どうにも困ったことが起こりつつあります。それぞれ全く別の理由からですが、この矢を止めようにも止められなくなっているのです。

「第一の矢」については、第2章で見ましたが、もう効かなくなっています。安倍首相や日本銀行が期待していた正規のルートを通じての景気回復——民間金融機関の貸出を増やし、それによって景気を良くするという効果はほとんど出ていません。それに加えて、その副次的なルートである、株高、円安を起こさせて景気を良くするという効果も乏しくなってきています。二〇一四年に入ってからも、日本銀行は毎月毎月、およそ五兆円の資金を民間金融機関に供給し続けています。それでも貸出は増えず、株高、円安も進まず、したがって景気も良くなりません。結果としてひたすら民間金融機関の余剰資金を積み上げるだけという空しい政策を日本銀行は行っているわけです。

しかしそれでもこの政策は止められません、止めることによる反動が怖いからです。おそらく、この政策を止める、あるいは縮小すると日本銀行が発表しただけで、株価が下がり、円高へと為替相場が反転し、そして金利が上がる(国債相場が値崩れする)などといった混乱が起こるでしょう。

前二者については説明の必要はないでしょう。株高、円安ともに、金融大緩和により株価が上がるだろう、円安になるだろうとの期待にもとづくものでした。期待が薄れればその反動が起こるのは当然です。

金利、特に国債相場について見ますと、現状、物価が（消費税増税分を除いて）一・六％程度上昇している中で、国債が〇・六％近くの金利で発行されています。その結果として、長期金利も〇・六％前後の水準となっています。どう見ても異常な低金利です。異常なことですが、その異常が成り立っているのは、そういう悪条件（一・六％程度物価が上がっている下で〇・六％で国債を発行するという条件）の下でも国債が売れているのは、民間金融機関がそれを買っているからです。そして民間金融機関が買っているのは、それでも儲けが出るという条件で、日本銀行がその国債を買い取ってくれているからです。いわば、形は間接的にではありますが、事実上は日本銀行による国債引き受けが行われており、国債売買は、市場でなされている形をとりながらも、事実上は市場の外で行われているからです。日本銀行が金融緩和を止める、あるいは縮小すると、この異常事態は終わります。市場が復活して金利は上昇し、政府の財政負担は重くなり、金利〇・六％の国債の価格は大幅に下落します。その結果、国債を大量に保有している民間金融機関、そして日本銀行に巨額の損失が発生するということになります。

そうした事態の発生を防ぐためには、「第一の矢」は、効かないけれども放ち続けなければならず、恐ろしくて止めることができないのです。

「第二の矢」については、状況がまったく逆です。これも第2章で見ましたが、「第二の矢」は景気には効いています。効いているどころではありません。現状ではひたすら景気を支えるという役割を果たしています。

だから、安倍内閣としては、「第二の矢」を止めるわけにはいきません。止めたらたちまちにして景気が失速することが起こりかねないからです。

そこで期待は「第三の矢」ということになります。「第三の矢」が期待通りに経済を成長させ、「第一の矢」「第二の矢」を止めても大丈夫という状況をつくり出してくれたら、というのが安倍首相の思いということでしょう。

ところが、「第三の矢」は、いわば「毒の矢」です。日本の経済社会を、そして人々の暮らしを破壊してしまいます。加えて、日本経済の成長にも効かない、ということを先の第3章で見ました。安倍首相の期待は空しい期待に終わると見るわけですが、肝心の安倍首相にはその認識がありません。認識がないままに「第三の矢」を矢継ぎ早に放ってくる、ドリルを振るって「岩盤規制」を壊しにかかる——これからの展開はそう予想され、とても危険です。

発想を逆転し、暮らしから考える

では、このような最悪の展開を止めるたには、どうすればよいでしょうか。

まずは、「第三の矢」の政策のそれぞれに異議を唱え、その実施を阻んでいくことが必要でしょう。法人減税をさせない、規制緩和をさせず「岩盤規制」を守り抜く、TPP交渉から撤退させる、原子力発電所を再稼働させない、など課題は多岐にわたります。

同時に、日本経済が長期停滞に陥っており、人々の暮らしが厳しいものになっているのは事実ですから、こうした状況からの脱出の道――アベノミクスではない道――を見つけ出していくことも必要です。

このうち前者については、すでに多くの人が、様々な場所で、理論的に、そして現場をふまえて異議申し立てを行っています。そうした運動が力を増し、一つ一つ、成果をかちとっていくことが必要です。野党勢力が脆弱化している政治状況では、安倍首相の暴走を止めるためには市民の声が重要です。無関心こそが、安倍政権の暴走を後押しすることになります。

後者については、誰が、どのようにして実施に移すかという、きわめて困難な問題はありますが、一つの道を指し示すことは可能です。

すでに第1章で、一九九八年から始まる日本経済の長期停滞の背景に賃金の下落があることを見ました。「賃金の下落→消費を中心とした需要の落ち込み→GDPの減少、経済の長期停滞」という道筋です。そうだとしたら、長期停滞から日本経済を脱出させるには賃金を上昇させることがカギとなります。

では、どうしたら賃金を上昇させることができるでしょうか。労働組合や労働者一人一人が力を発揮するというのは、現実的には答えにならない感もありますが、こうした視点に立って現状で何ができるかを見直していくことが、まずは必要なことだと思います。

政策としては二つのことが考えられます。

一つは非正規雇用に対する規制強化です。賃金が下落した背景として、賃金の低い非正規雇用が著しく増加したことが挙げられます。長期停滞が始まる前の年、一九九七年の非正規雇用者の数は一一七〇万人でした。現在は一九二〇万人で、この間に七五〇万人増加しています。こうした非正規雇用の増加に歯止めをかけること(増加させないだけでなく、減少させること)が必要です。そのためには非正規雇用についての規制を強化することが必要です。同時に、同一価値労働・同一賃金の原則を強く打ち出して、非正規雇用者の賃金の大幅引き上げを実施させることも必要です。

二つは最低賃金の大幅引き上げです。日本の現状の最低賃金は時間当たり七六四円(全国平均、二〇一三年)で、先進国中最低といってよい水準にあります。これを、永年労働組合などが要求している、時給一〇〇〇円にまでは最低限引き上げるべきでしょう。時給一〇〇〇円ですと、週四〇時間働くとして週四万円、月四週として月一六万円、それで年収は二〇〇万円以下で、なおまっとうな暮らしを営むには不十分な額ではあるのですが——。

最低賃金引き上げなどの原資は十分にあります。二〇一二年度の企業の経常利益は四九兆円、税引き後の純利益は二四兆円でした(四八ページの図3—1)。例えば最低賃金の時給一〇〇〇円への引き上げでいくらの資金が必要になるかを計算してみましょう。時給の引き上げ幅約二四〇円(1000－764)、週四〇時間労働として、年五〇週で計算しますと、一人当たり年間四八万円の賃金支払い増が必要となります(240×40×50)。最低賃金引き上げの恩恵を受ける人が何人いるかですが、大雑把に年収一〇〇万円以下の人ととらえると四〇〇万人です。非正規雇用の人全員ととらえると一九〇〇万人です。前者ですと必要資金は年間約二兆円(48万×400万)、後者だと約九兆円(48万×1900万)、いずれも税引き後利益の範囲内であり、全企業ベースで計算しますと企業が負担できない額ではありません。最低賃金を時給一〇〇〇円に引き上げても企業は大丈夫、ということです。

非正規雇用の正規化でいくらの資金(企業負担)が必要になるかはもっと計算が複雑になります。いくつかの前提を置いておよそ八兆円と試算した例があります(労働運動総合研究所「非正規雇用の正規化と働くルールの厳守による雇用増で日本経済の体質改善を」二〇〇八年一〇月)。これだと企業は負担可能ということになります。

要は、最初から無理とあきらめるのではなく、暮らしを良くするということを前提において、そこから順を追って考え、一つ一つ歩を進めていくということが大切でしょう。そうして暮らしを良くしていけば、それが日本経済を長期不況から脱出させることにもつながっていくはずです。

アベノミクスは、企業を良くすることを前提として考えています(日本を「世界で一番企業が活動しやすい国にする」)。そして企業を良くすることによって日本経済を長期不況から脱出させることができ、人々の暮らしも良くなる、と考えました。

逆だと思います。人々の暮らしを良くすることを第一に考えるべきだと思います。日本を「世界で一番(一番でなくてもいいのですが)人々が暮らしやすい国」にする。そうすれば、幸いなことに日本経済は長期不況から脱出でき、結果として、企業にとっても良くなると考えるべきでしょう。

政策を根本から転換させることが必要です。

おわりに

日本を「世界で一番企業が活動しやすい国にする」という安倍首相の発言には驚きました。安倍首相は、いつ日本経団連の会長になったのでしょうか。

政府(国)が大企業(多国籍、もしくは無国籍大企業)の代弁者になりつつあるというのは各国共通のことです。ジャーナリストの堤未果さんによる『㈱貧困大国アメリカ』(岩波新書)は、アメリカ政府がまさにそうなっていることをルポしたものでした。日本でも、小泉内閣以来の自民党内閣もそうなっています。国の経済政策の大本を財界代表の声(だけ)を聞いて決めるという、経済財政諮問会議の設置にその顕著な例を見ることができます。

それにしても、です。かくも堂々と、首相自らが、「「企業天国」づくりに総力を挙げて邁進します」と宣言した例は、近代国家が成立して以降初めて、古今東西、かつて例のないことだったのではないでしょうか。

同時に、そうした安倍首相の発言を、ほとんど何の問題もないかのように、抵抗なく受け入れているジャーナリズム、そしてこの国の世論のあり方にも大きな問題を感じます。

本書は、アベノミクスを、その経済的側面から考えてみた書ではありますが、同時に、倫理的側面からも考えてみなければならないのではないか、と思いつつ著した書でもあります。

なお、この一年余、アベノミクスについては、求められるままに何編かの文章を書いています。その主なものは次のとおりです。

「「アベノミクス」と私たちの暮らし」（『世界』二〇一三年四月号）
「何のための負担増か――アベノミクスの一年とこれから」（『世界』二〇一四年三月号）
「「企業天国」実現への第一歩――動き出す「国家戦略特区」」（『季刊ピープルズ・プラン』二〇一四年三月号）
「日本経済の長期停滞とアベノミクス」（デジタル版『現代の理論』二〇一四年五月）
「脅かされる生存権――安倍政権、その経済政策の危うさについて」（『歴史地理教育』二〇一四年七月号）

本書と、ところどころ重複した記述があることをお断りしておきます。

最後になりましたが、どんな経済政策も、人々の暮らしを良くするという視点を欠いては意味のないものになることを、改めて指摘しておきたいと思います。

本書が、アベノミクスをどう見るか、読者のみなさんが判断される際にお役に立てば幸いです。

二〇一四年八月

山家悠紀夫

1940年生まれ．神戸大学経済学部卒業後，第一銀行入行．第一勧業銀行調査部長，第一勧銀総合研究所専務理事，神戸大学大学院経済学研究科教授を経て，2004年「暮らしと経済研究室」を開設．

著書に『景気とは何だろうか』(岩波新書)，『「構造改革」という幻想――経済危機からどう脱出するか』(岩波書店)，『暮らしに思いを馳せる経済学――景気と暮らしの両立を考える』『暮らし視点の経済学――経済，財政，生活の再建のために』(以上，新日本出版社)，『偽りの危機，本物の危機』『日本経済　気掛かりな未来』(以上，東洋経済新報社)，『痛みはもうたくさんだ！　脱「構造改革」宣言』(かもがわ出版)，『消費税増税の大ウソ――「財政破綻」論の真実』(共著，大月書店)など．

アベノミクスと暮らしのゆくえ　　岩波ブックレット 911

2014年10月7日　第1刷発行

著　者　山家悠紀夫《やんべゆきお》

発行者　岡本　厚

発行所　株式会社 岩波書店
〒101-8002 東京都千代田区一ツ橋 2-5-5
電話案内 03-5210-4000　販売部 03-5210-4111
ブックレット編集部 03-5210-4069
http://www.iwanami.co.jp/hensyu/booklet/

印刷・製本　法令印刷　　装丁　副田高行　　表紙イラスト　藤原ヒロコ

ISBN 978-4-00-270911-6　　Printed in Japan